Vorwort

In diesem Buch zeige ich Ihnen die Neuerungen von Windows Server 2016, die bisher bekannt sind, in der Praxis.

Lesen Sie auf den folgenden Seiten, was neu in Windows Server 2016 ist, und wie Sie diese Technik für sich einsetzen. Von der Oberfläche her bietet Windows Server 2016 die gleichen Neuerungen, wie Windows 10. Unter der Oberfläche bietet der Nachfolger von Windows Server 2012 R2 natürlich einige Verbesserungen. In diesem Buch lesen Sie außerdem alles über die Neuerungen in Windows 10. Ich zeige Ihnen, in der Praxis, die Neuerungen und Verbesserungen von Hyper-V, ADFS, den Remotedesktop-Diensten, des Windows Defenders und zahlreiche weitere Neuerungen die durchaus interessant sind. Auch der Umgang mit der PowerShell 5.0 ist Thema in diesem Buch.

Leider lassen sich derzeit noch nicht alle Funktionen in vollem Umfang nutzen aber mit diesem Buch erhalten Sie schon einmal einen guten Überblick.

Lernen Sie auch alle Neuerungen von Windows 10 kennen und lesen Sie einige interessante Tricks zum Anpassen des Startmenüs oder dem Verwenden von virtuellen Desktops. Ich zeige Ihnen auch einige neue Tastenkombinationen, mit denen Sie schneller mit Windows 10 und Windows Server 2016 arbeiten können.

Ich wünsche Ihnen viel Spass mit Windows Server 2016 und Windows 10

Ihr

Thomas Joos

Bad Wimpfen, im Juni 2015

Allgemeine Neuerungen in Windows Server 2016

Windows Server 2016 wird vor allem für das Rechenzentrum einige signifikante Neuerungen bieten. Dazu gehören, neben der neuen Nano-Installation, vor allem Features im Bereich der Virtualisierung und Storage-Verwaltung. Nano-Server sind weiter reduzierte Core-Server, mit denen Administratoren spezielle Cloudoptimierte Mini-Server ohne Verwaltungswerkzeuge und mit deutlich minimierten Ressourcenverbrauch zur Verfügung stellen können.

Installieren Sie Windows Server 2016, werden Sie zunächst keine großen Unterschiede erkennen. Die Oberfläche entspricht weitgehend Windows Server 2012 R2. Die grafischen Neuerungen und das neue Startmenü von Windows 10 hat Microsoft auch in Windows Server 2016 integriert. Die Neuerungen von Windows 10, die ich in diesem Buch beschreibe, gelten also auch für Windows Server 2016. Lesen Sie sich daher auch diese Abschnitte gründlich durch.

Mit Windows Server 2016 verbessert Microsoft die Storage Spaces noch weiter. Die Software-Defined-Storage-Lösung bietet die Möglichkeit auf Basis mehrerer Datenträger einen zentralen Speicherpool zur Verfügung zu stellen. Diesen können Sie in verschiedene Volumes aufteilen, die für Serveranwendungen und die Datenspeicherung genutzt werden können.

In Windows Server 2016 kann ein solcher Speicher nicht nur mehrere Festplatten umfassen, sondern auch mehrere Server. Das erhöht die Flexibilität der Datenspeicherung enorm. Microsoft integriert in Windows Server 2016 darüber hinaus noch die Möglichkeit komplette Festplatten, auch innerhalb eines Storage Pools, auf andere Server zu replizieren. Diese Replikation erfolgt synchron und blockbasiert. Unternehmen erhalten auf diesem Weg die Möglichkeit Geo-Cluster aufzubauen. Ich gehe auf diese Neuerungen anschließend ausführlicher ein.

Mit dem Nano-Server sollen Unternehmen noch kleinere Server bereitstellen können, als bisher mit der Core-Variante möglich war. Nano-Server verfügen über keinerlei Verwaltungswerkzeuge und erlauben keine lokale Anmeldung. Auch der Remotedesktop ist auf diesen Servern nicht verfügbar. Administratoren können diese Server nur über das Netzwerk verwalten, oder vom lokalen Hyper-V-Host aus. Die Installationsdateien von Windows Server 2016 umfassen ein neues Verzeichnis „Nanoserver". In diesem befindet sich ein WIM-Image, auf dessen Basis sich der Nano-Server extrahieren lässt. Allerdings ist diese Technik derzeit wenig funktional. Zukünftig sollen sich mit der Technologie auch Docker-Images mit Windows Server 2016 bereitstellen lassen.

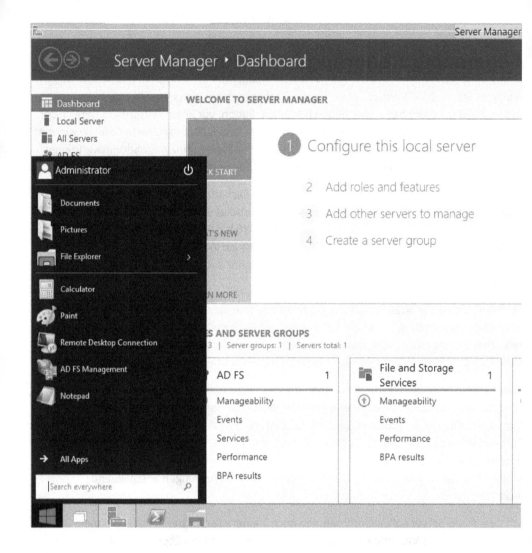

Windows Server 2016 Technical Preview 2 - Die Nano-Installation

Mit Windows Server 2016 führt Microsoft, neben der Installation der Core-Variante und der grafischen Oberfläche, eine weitere Installationsvariante ein, genannt Nano. Einfach ausgedrückt, handelt es sich bei Nano um eine noch einmal eingeschränkte Core-Installation. Nano-Installationen sollten vor allem für Clouddienste und minimale Dienste genutzt werden. Der Nanoserver kann ausschließlich als 64-Bit-Server eingerichtet werden.

Die Verwaltung solcher Server soll ausschließlich über das Netzwerk erfolgen. Denn wenn Sie eine Nano-Installation von Windows Server 2016 durchführen, lassen sich nicht einmal die lokal installierten Dienste mit lokalen Werkzeugen verwalten.

Administratoren können Sie an Nano-Servern weder lokal anmelden, noch per Remote Desktop verbinden. Die Verwaltung erfolgt über Verwaltungwerkzeugen aus, die auf anderen Servern im Netzwerk betrieben werden. Dazu verwenden Administratoren WMI und die PowerShell. Funktioniert etwas am Betriebssystem, zum Beispiel dem Netzwerk-Stack, nicht mehr, erstellen Administratoren einfach ein neues Image, was wesentlich schneller durchgeführt wird, als langwierige Reparaturen am Server.

Für komplexere Serverstrukturen stehen Emergency Management Services (EMS) über die serielle Schnittstelle des Servers zur Verfügung. Die Installation eines Nano-Servers, inklusive ersten Boot-Vorgang lässt sich in bis zu 3 Minuten durchführen. Selbst die Installation eines Core-Servers hat unter Windows Server 2012 R2 noch mindestens 15 Minuten gedauert. Laut Microsoft sollen Nano-Server außerdem fast 90% weniger Ressourcen verbrauchen.

Die meisten Unternehmen werden aber auch Nano-Server eher virtualisiert zur Verfügung stellen. Hier ergibt sich der Vorteil, dass die Netzwerkkonfiguration des Servers auch lokal über den Hyper-V-Host angepasst werden kann.

Der aktuelle Weg einen Nano-Server zu installieren, ist etwas komplizierter, als die Installation eines Core-Servers mit Windows Server 2012 R2. Sie benötigen einen Rechner mit Windows 8.1 oder Windows Server 2012 R2, die neuen Windows-Versionen Windows 10 und Windows Server 2016 werden aktuell noch nicht unterstützt, um die Nano-Installation aus den Installationsdateien zu extrahieren. Außerdem ist der Betrieb derzeit noch sehr instabil.

Die ISO-Datei von Windows Server 2016 TP2 stellen Sie über das Kontextmenü als Laufwerk bereit. Anschließend können Sie die notwendigen Daten für die Nano-Installation extrahieren. Anschließend kopieren Sie das Verzeichnis „nanoserver" aus den Installationsdateien auf den lokalen Rechner, zum Beispiel in das Temp-Verzeichnis. Sie müssen das WIM-Image des Servers erst noch anpassen.

Für die weitere Bearbeitung des Images, benötigen Sie ein PowerShell-Skript. Das Skript *Convert-WindowsImage.ps1* (https://gallery.technet.microsoft.com/scriptcenter/Convert-WindowsImageps1-0fe23a8f) laden Sie direkt aus der Microsoft Technet-Gallery in das Temp-Verzeichnis. Das Skript ist derzeit nicht kompatibel mit Windows 10 oder Windows Server 2016 TP2.

Das Skript ist außerdem nicht digital signiert und wird daher von der Ausführungsrichtlinie der PowerShell blockiert. Damit das Skript funktioniert, müssen Sie die Richtlinie zunächst deaktivieren. Dazu öffnen Sie eine PowerShell-Sitzung und verwenden das CMDlet *Set-ExecutionPolicy unrestricted*. Lassen Sie die Umstellung der Richtlinie zu.

Mit einem Befehl in der PowerShell wandeln Sie das WIM-Image des Nano-Servers in eine VHD-Datei um. Diese Datei können Sie später für die Installation des Nano-Servers verwenden:

.\Convert-WindowsImage.ps1 -WIM 'c:\temp\nanoserver\nanoserver.wim' -VHD 'c:\temp\nanoserver.vhd' -DiskType Fixed -VHDFormat VHD -SizeBytes 10GB -Edition 1

Da sich der Server derzeit noch in der Entwicklungsphase befindet, sollten Sie als Festplattengröße 10 GB verwenden. In der endgültigen Version will Microsoft den Nano-Server auf unter 500 MB begrenzen. Durch den geringen Funktionsumfang reduziert sich auch die Menge der zu installierenden Windows-Updates. Dadurch reduziert sich außerdem die Anzahl der Neustarts noch weiter.

Die neue Installations-Variante arbeitet außerdem mit deutlich weniger geöffneten Ports. Auch die Anzahl der Systemprozesse wurde deutlich reduziert. Entwickler müssen beim Erstellen von Anwendungen aber aufpassen. Anwendungen müssen für Nano speziell entwickelt werden. Programme, die auf Core-Servern laufen, sind nicht unbedingt auf Nano-Servern verfügbar.

Nachdem die VHD-Datei erstellt wurde, müssen Sie die VHD-Datei „mounten": Das ist notwendig, weil Sie noch zusätzliche Pakete integrieren müssen. Dazu müssen Sie das Verzeichnis mit den Nano-Installationsdateien und der Nano-VHD-Datei auf einen Rechner mit Windows 10 oder Windows Server 2016 TPs kopieren. Sie benötigen als Nächstes das CMDlet *Add-WindowsPackage*. Dieses ist in Windows 8.1 und Windows Server 2012 R2 nicht verfügbar. Sobald Sie das Verzeichnis kopiert haben, mounten Sie auf dem Rechner mit Windows 10 oder Windows Server 2016 TP2 die VHD-Datei:

Mount-DiskImage -ImagePath 'c:\temp\nanoserver.vhd'

Im Explorer finden Sie danach ein neues Laufwerk mit dem Inhalt der Nano-Server-Festplatte. In diesem Beispiel wurde dem Laufwerk der Buchstabe „m" zugewiesen. Im nächsten Schritt fügen Sie mit dem CMDlet *Add-WindowsPackage* die Pakete hinzu. Passen Sie den Laufwerksbuchstaben an Ihre Umgebung an:

Add-WindowsPackage -Path m:\ -PackagePath C:\temp\NanoServer\Packages\Microsoft-NanoServer-Compute-Package.cab

Add-WindowsPackage -Path m:\ -PackagePath C:\temp\NanoServer\Packages\Microsoft-NanoServer-FailoverCluster-Package.cab

Add-WindowsPackage -Path m:\ -PackagePath C:\temp\NanoServer\Packages\Microsoft-NanoServer-Guest-Package.cab

Add-WindowsPackage -Path m:\ -PackagePath C:\temp\NanoServer\Packages\Microsoft-NanoServer-OEM-Drivers-Package.cab

Add-WindowsPackage -Path m:\ -PackagePath C:\temp\NanoServer\Packages\Microsoft-NanoServer-Storage-Package.cab

Add-WindowsPackage -Path m:\ -PackagePath C:\temp\NanoServer\Packages\Microsoft-OneCore-ReverseForwarders-Package.cab

Haben Sie alle Pakete integriert, müssen Sie die VHD-Datei wieder vom Rechner trennen. Dazu verwenden Sie den folgenden Befehl:

Dismount-DiskImage –ImagePath 'c:\temp\nanoserver.vhd'

Erstellen Sie anschließend einen neuen virtuellen Server und verwenden Sie die VHD-Datei als Festplatte für den Server. Booten Sie den Rechner, steht der Nano-Server zur Verfügung. Verwalten können Sie den Server aber nur über das Netzwerk, wie wir im nächsten Abschnitt zeigen.

Um den Nano-Server zu verwalten, verwenden Sie die PowerShell von einem anderen Rechner im Netzwerk aus. Ersetzen Sie die IP-Adresse in den folgenden Befehlen mit der IP-Adresse des Nano-Servers:

Set-Item WSMan:\localhost\Client\TrustedHosts -Value 192.168.178.188 -Concatenate

Enter-PSSession -ComputerName 192.168.178.188 -Credential Administrator

Der Start des Servers dauert derzeit extrem lange. Nach dem erfolgreichen Start ist nur ein schwarzer Bildschirm zu sehen. Erst dann können Sie sich mit dem Server verbinden. In Versionen von Windows Server 2016 wird der Server mit Sicherheit etwas beschleunigt und ist vor allem deutlich einfacher installierbar.

Network Controller - Netzwerke mit Windows Server 2016 überwachen

In den generellen Einstellungen von Windows Server 2016 hat Microsoft auch einige Neuerungen integriert. Das Windows Server Gateway unterstützt jetzt zum Beispiel GRE. Dieses Protokoll wird für viele VPN-Protokolle verwendet. Microsoft bietet darüber hinaus aber noch mehr Neuerungen in diesem Bereich. Die neue Serverrolle *Network Controller* erlaubt die zentrale Überwachung und Konfiguration von virtuellen und physischen Netzwerken. Der Dienst kann auch IPAM anbinden und überwachen sowie andere Netzwerkdienste und ganze Topologien.

Sobald der Dienst installiert ist, verwalten Sie die Netzwerke mit System Center Virtual Machine Manager 2012 R2 oder 2016 sowie System Center Operations Manager 2012 R2/ 2016. Der Hintergrund dieser Technik ist, dass Verwaltungsprogramme nicht mehr einzeln auf alle Komponenten des Netzwerks zugreifen, sondern eine Verbindung mit dem Network Controller aufbauen. Mit diesem sind die Netzwerk-Komponenten verbunden und erlauben eine zentrale Steuerung, sozusagen als Gateway zur Verwaltung.

Mit Windows 10 und Windows Server 2016 will Microsoft also auch den Bereich Software Defined Networking ausbauen. Die neue Serverrolle erlaubt, einfach ausgedrückt, die zentrale Überwachung und Konfiguration von virtuellen und physischen Netzwerken im ganzen Unternehmen. Der Dienst kann auch IPAM anbinden und überwachen sowie andere Netzwerkdienste und ganze Topologien. Es soll sich bei dieser Serverrolle also um einen zentralen Steuerungs- und Überwachungsdienst handeln. Durch die Anbindung an IPAM kann Windows Server 2016 nicht nur Netzwerkgeräte überwachen, steuern und Fehler finden, sondern auch einen Überblick im IP-Netz behalten. Durch die Anbindung an System Center werden diese Möglichkeiten noch deutlich ausgebaut.

Administratoren verbinden sich mit ihren Verwaltungswerkzeugen dann zum Server mit installierter Network Controller-Rolle und können zentral alle Netzwerkkomponenten und virtuelle Switches überwachen und verwalten. Der Hintergrund dieser neuen Technik ist, dass Verwaltungsprogramme nicht mehr einzeln auf alle Komponenten des Netzwerks zugreifen sollen, sondern eine Verbindung mit dem Network Controller aufbauen. Mit diesem sind die Netzwerk-Komponenten verbunden und erlauben eine zentrale Steuerung, sozusagen als Gateway zur Verwaltung.

Neben der zentralen Verwaltung des physischen und virtuellen Netzwerkes, soll Network Controller auch Diagnose-Funktionen bieten. In der aktuellen Technical Preview sind diese Techniken noch nicht umfassend integriert. Im Fokus sollen auch die virtuellen Switches von Hyper-V und später auch VMware vSphere stehen, deren Verbindung in physische Netzwerke und die Anbindung an die Cloud. Aber auch Hardware-Geräte wie Switches, Router und Loadbalancer sollen sich anbinden, verwalten und überwachen lassen. In diesem Zusammenhang wird der Network Controller-Dienst auch mit neuen Funktionen in der PowerShell 5.0 zusammenarbeiten.

Der Network Controller soll für Netzwerke also die gleichen Funktionen bieten, wie IP-Adressmanagement als Rollendienst für die Verwaltung von IP-Adressen im Netzwerk, mit dem Unterschied, dass der Network Controller auch Geräte von Drittherstellern zentral verwalten kann.

Außerdem lassen sich auch Clouddienste wie Microsoft Azure anbinden und zentral, zusammen mit lokalen (On-Premise) Netzwerken verwalten. Neben Hardware-Geräten, lassen sich mit dem Network Controller auch Softarebasierte Netzwerkdienste verwalten, nicht nur auf Basis von Windows Server 2016, sondern auch auf Basis von Windows Server 2012 R2. Ob auch ältere Versionen unterstützt werden, ist derzeit noch nicht klar, es ist aber zu erwarten, dass alle Funktionen des Network Controllers nur durch eine Zusammenarbeit von Windows Server 2016 und System Center 2016 zur Verfügung stehen werden. In diesem Beitrag werfen wir einen ersten Blick auf den Dienst.

Mit Network Controller erhalten Administratoren die Möglichkeit zentral in Windows Server 2016 physische Netzwerk-Komponenten, aber auch virtuelle Netzwerke zu verwalten und gemeinsam zu betreiben. Vor allem die Automatisierung der Konfiguration steht hier im Mittelpunkt. Dazu kommen auch Möglichkeiten auf die einzelnen Geräte per PowerShell zugreifen zu können. Damit das funktioniert, muss der entsprechende Hardware-Hersteller das auch unterstützen.

Durch die Schnittstellen-Funktion bietet Network Controller daher zwei verschiedene APIs. Eine API, die mit den Endgeräten kommuniziert, und eine API mit der Administratoren zur Verwaltung kommunizieren. Das heißt, im Netzwerk gibt es nur noch eine Schnittstelle mit der wiederum alle Geräte verwaltet werden. Im Grunde genommen lassen sich vor allem folgende Geräte und Netzwerke verwalten:

- Hyper-V-VMs und virtuelle Switches

- Physische Netzwerk-Switches

- Firewall-Software

- VPN Gateways

- Routing and Remote Access Service (RRAS) Multitenant Gateways

- Load Balancers

Im Bereich des Fabric Network Managements erlaubt Network Controller auch die Konfiguration und Verwaltung von IP-Subnetzen, VLANs, Layer 2- und Layer 3-Switches sowie die Verwaltung von Netzwerkadaptern in Hosts.

Network Controller bietet auch die Möglichkeit Firewall-Regeln für VMs angebundener Hyper-V-Hosts zu erstellen. Hier hat der Controller auch Zugriff auf die zugeordneten virtuellen Switches. Über den Network Controller soll es möglich sein, alle Firewall-Regeln die eine bestimmte VM oder einen Workload auf einer VM betreffen zu steuern, zu überwachen und vor allem im Netzwerk zu verteilen, wenn die Regeln auf verschiedenen Appliances benötigt werden. Neben der zentralen Steuerung, kann Network Controller aber auch die Protokolldateien verwalten und Administratoren zur Verfügung stellen. In diesen wird festgehalten, welcher Datenverkehr durch die spezielle Regel erlaubt oder verweigert wird.

Network Controller kann darüber hinaus die Kontrolle über alle virtuellen Switches, aller Hyper-V-Hosts im Netzwerk übernehmen und auf diesem Weg auch neue virtuelle Switches erstellen oder Switches verwalten. Selbst virtuelle Netzwerkkarten in den einzelnen VMs lassen sich so steuern. In Windows Server 2016 können Sie mit Hyper-V in den VMs die Netzwerkadapter im laufenden Betrieb hinzufügen und entfernen. Sie müssen dazu VMs also nicht mehr herunterfahren. Auf diesem Weg arbeiten Hyper-V und der Network Controller also besonders effizient zusammen.

Sie können bei Generation 2-VMs auch den Arbeitsspeicher von Servern im laufenden Betrieb anpassen, auch dann wenn Sie nicht Dynamic Memory nutzen. Das funktioniert aber nur wenn auch in der VM Windows Server 2016 oder Windows 10 installiert sind.

Außerdem bieten sich hier auch Möglichkeiten mit Netzwerkrichtlinien zu arbeiten. Network Controller unterstützt in diesem Bereich auch Network Virtualization Generic Routing Encapsulation (NVGRE) und Virtual Extensible Local Area Network (VXLAN). Es ist also durchaus zu erwarten, dass Sie für den optimalen Einsatz des Network Controllers Ihre Hyper-V-Hosts auf Windows Server 2016 umstellen sollten, und auch die einzelnen VMs. Das ist zwar keine Pflicht, aber bei Servern mit Windows Server 2012 R2 kann der Network Controller dann im laufenden Betrieb keine Einstellungen anpassen, also Richtlinien setzen, Einstellungen ändern oder neue virtuelle Switches zuweisen.

Windows Server Gateway Management

Network Controller kann VMs, aber auch physische Server steuern und konfigurieren, die Teil eines Windows Server Gateway-Clusters sind. Auf diesem Weg lassen sich Rechenzentren verknüpfen und in gehosteten Umgebungen die Netzwerke verschiedener Kunden trennen oder verbinden. Sie können sogar VMs im Netzwerk bereitstellen, die Teil eines Windows Server Gateway-Clusters werden, auch als Routing and Remote Access Service (RRAS) Multitenant Gateway bezeichnet.

Neben dem Bereitstellen solcher VMs, können Sie auch VPNs und IPSec-Verbindungen zwischen den Netzwerken steuern, überwachen und erstellen. Auch einzelne Rechner lassen sich über diesen Weg über das Internet mit dem Rechenzentrum verbinden, zum Beispiel für die Verwaltung durch externer Administratoren.

Border Gateway Protocol (BGP) Routing erlaubt das Steuern des Netzwerkverkehrs von gehosteten VMs zum Firmennetzwerk eines Unternehmens, auch in gehosteten Umgebungen. Natürlich lassen sich auf diesem Weg nicht nur Server mit Windows Server 2016 anbinden, sondern auch Server mit Windows Server 2012 R2. Microsoft bietet dazu auch einige Anleitungen, wie Sie solche Gateways und Netzwerke erstellen:

- Border Gateway Protocol (BGP) Overview - https://technet.microsoft.com/library/dn614183.aspx

- Windows Server 2012 R2 RRAS Multitenant Gateway Deployment Guide - https://technet.microsoft.com/library/dn641937.aspx

- Windows Server-Gateway - https://technet.microsoft.com/library/dn313101.aspx

Cluster, Migration und Network Controller

Sie können mit Windows Server 2016 auch Clusterknoten mit der neuen Version zu Clustern mit Windows Server 2012 R2 hinzufügen, ohne den Betrieb zu beeinträchtigen. Das erleichtert die Migration und die Zusammenarbeit mit Network Controller enorm. Wie bei den VMs gilt auch hier, dass die neuen Funktionen in Hyper-V, auch für den Network Controller für Windows Server 2016, nur dann zur Verfügung stehen, wenn alle Clusterknoten auf Windows Server 2016 aktualisiert wurden. Dazu müssen Sie die Clusterkonfiguration mit

Update-ClusterFunctionalLevel aktualisieren. Dieser Vorgang ist aber eine Einbahnstrasse. Sie können den Vorgang nicht rückgängig machen.

Betreiben Sie im Cluster Knoten mit Windows Server 2016 und Windows Server 2012 R2, können Sie VMs problemlos zwischen den Knoten verschieben. Allerdings sollten Sie den Cluster in diesem Fall nur noch von Servern mit Windows Server 2016 aus verwalten. Sie können für die VMs im Cluster auch erst dann die neue Version für VMs mit *Update-VmConfigurationVersion <VM>* konfigurieren, wenn Sie den Cluster auf die neue Version aktualisiert haben. Erst dann arbeitet der Cluster mit dem Network Controller optimal zusammen.

Mit Cluster Cloud Witness können Sie bei Clustern auf Basis von Windows Server 2016 auch VMs in Microsoft Azure als Zeugenserver nutzen. Das ist vor allem für Rechenzentrumsübergreifende Cluster ein wichtiger Punkt. Auch die VMs in der Azure-Cloud und die verantwortlichen Netzwerke lassen sich mit Network Controller verwalten und überwachen. Mit *Cluster Compute Resiliency* und *Cluster Quarantine* werden Clusterressourcen nicht mehr unnötig zwischen Knoten verschoben, wenn ein Clusterknoten Probleme hat. Knoten werden in Isolation versetzt, wenn Windows erkennt, dass der Knoten nicht mehr stabil funktioniert. Alle Ressourcen werden vom Knoten verschoben und Administratoren informiert. Der Network Controller erkennt in diesem Zusammenhang auch fehlerhafte physische und virtuelle Netzwerke und kann entsprechend eingreifen.

Southbound API und Northbound API

Die Southbound API, die Schnittstelle zwischen Network Controller und Netzwerkgeräten, kann im Netzwerk auch Netzwerkgeräte und deren Konfiguration automatisiert erkennen und anbinden. Außerdem überträgt diese API die Konfigurationsänderungen von Administratoren an die Geräte. Northbound API ist wiederum die Schnittstelle zwischen Administrator und Network Controller. Über diese API nimmt Network Controller die Konfigurationseinstellungen der Administratoren entgegen und zeigt die Überwachungsdaten an. Außerdem dient die Schnittstelle zur Fehlerbehebung von Netzwerkgeräten, dem Anbinden neuer Geräten und weiterer Aufgaben, die Administratoren durchführen müssen.

Bei der Northbound API handelt es sich um eine Representational State Transfer (REST)-API. Die Anbindung ist über eine GUI möglich, mit der PowerShell und natürlich mit Systemverwaltungsprogrammen wie System Center. Die neue Version System Center 2016 lässt sich in diesem Bereich nahtlos an den Windows Server 2016 Network Controller anbinden, hauptsächlich System Center Virtual Machine Manager vNext. Die Überwachung findet wiederum mit System Center Operations Manager 2016 statt.

Netzwerküberwachung mit Network Controller

Einen großen Schwerpunkt legt Microsoft auf die Netzwerküberwachung mit dem Network Controller. Hier ist auch zu erwarten, dass der neue Dienst eng mit Microsoft Message Analyzer, dem Nachfolger des Microsoft Network Monitors zusammenarbeitet. Dadurch lässt sich auch die Latenz und Paketverluste überwachen. Administratoren haben auf diesem Weg also auch ein Werkzeug für die Fehlerbehandlung im Netzwerk zur Verfügung. Denn Network Controller erkennt nicht nur Probleme in der Latenz und Paketverluste, sondern kann Administratoren auch darüber informieren woher diese Verluste kommen, also welche Geräte im Netzwerk Probleme verursachen.

Network Controller kann in diesem Zusammenhang auch SNMP-Daten erfassen und erkennt den Status von Verbindungen, Neustarts und den Status einzelner Geräte. Administratoren können dadurch auch Geräte gruppieren, zum Beispiel Switches in einem bestimmten Rechenzentrum und so auch schnell erkennen, ob sich der Ausfall einer Switch auf bestimmte VMs auswirkt.

Ein weiteres Feature der Überwachung ist das Erkennen noch Netzwerküberlastungen durch bestimmte Dienste, Server oder VMs. Verliert ein bestimmtes Serverrack zum Beispiel die Anbindung an das Netzwerk oder kann nur noch eingeschränkt kommunizieren, markiert Network Controller aller VMs, die sich auf Hyper-V-Hosts in diesem Rack befinden, als fehlerhaft, genauso wie die angeschlossenen virtuellen Switches. Der Controller erkennt also auch Zusammenhänge im Netzwerk und kann Administratoren rechtzeitig über Probleme informieren. Wer die Überwachung noch genauer durchführen will, bindet Network Controller an System Center Operations Manager (SCOM) 2016 an.

Netzwerkverkehr aktiv steuern

Network Controller soll auch in der Lage sein den Netzwerkverkehr aktiv steuern und umleiten zu können. Werden im Netzwerk bestimmte VM-Appliances zur Sicherheit eingesetzt, zum Beispiel Antivirus-, Firewall-, Intrusion-Detection-VMs, können Administratoren über Network Controller Regeln erstellen, welches den Netzwerkverkehr automatisiert zu den entsprechenden Appliances umleitet.

Aber nicht nur im Bereich der Sicherheit spielt das eine Rolle, sondern auch für das Zusammenarbeiten mit Load Balancern. Network Controller erkennt Server mit identischen Workloads und deren Load Balancer. Die Serverrolle kann auch hier aktiv eingreifen und Netzwerkverkehr an die richtigen Stellen leiten. Das erhöht die Hochverfügbarkeit und Skalierbarkeit im Unternehmen, ohne die Übersicht zu verlieren.

Empfehlungen für den Praxisbetrieb des Network Controller

Server, die als Network Controller arbeiten, lassen sich problemlos virtualisieren. In produktiven Umgebungen empfiehlt Microsoft, dass die Rolle hochverfügbar bereitgestellt wird. Der beste Weg dazu ist die Erstellung eines Clusters oder einer hochverfügbaren Hyper-V-Umgebung. Wie genau die Hochverfügbarkeit des Network Controllers aussieht, ist derzeit noch nicht klar. Die Installation des Rollendienstes erfolgt als Serverrolle über den Server-Manager.

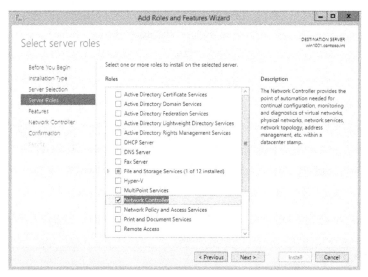

Network Controller und PowerShell 5.0

Zusammen mit Network Controller, wird in Windows Server 2016 und Windows 10 auch die neue PowerShell 5.0 integriert. Diese bietet Möglichkeiten zur Steuerung von Netzwerken an, die mit Network Controller zusammen arbeiten, sich aber auch unabhängig nutzen lassen. Data Center Abstraction (DAL) stellt in der PowerShell dazu den Schnittpunkt dar.

DAL bietet eine Remoteverwaltung von Rechenzentren und kompatiblen Netzwerkkomponenten über die Powershell und PowerShell-kompatiblen-Tools, die eine grafische Oberfläche für die Skripte bieten. Dazu müssen die Netzwerkkomponenten allerdings von Microsoft zertifiziert sein. Zu den zertifizierten Herstellern gehören derzeit Cisco und Huawei. Es ist aber zu erwarten, dass nach der Veröffentlichung von Windows Server 2016 in diesem Bereich weitere Hersteller dazu kommen werden. Auch der Network

Controller in Windows Server 2016 soll über diesen Weg ansprechbar sein, parallel zu den CMDlets, die ohnehin für den Dienst zur Verfügung stehen werden.

Setzen Sie kompatible Geräte ein, lassen sich diese also in der PowerShell verwalten, und zwar mit Network Controller, aber auch ohne. Microsoft geht in der TechNet (*http://technet.microsoft.com/en-us/cloud/dal.aspx*) näher auf die Funktionen und Möglichkeiten von kompatiblen Geräten ein. Beispiele für die Skriptsteuerung von kompatiblen Geräten finden Sie auch in der MSDN (*http://blogs.msdn.com/b/powershell/archive/2013/07/31/dal-in-action-managing-network-switches-using-powershell-and-cim.aspx*).

Sie können die zertifizierten Geräte auch über System Center Virtual Machine Manager 2016 verwalten. Auch hier bietet sich eine Zusammenarbeit mit Windows Server 2016 an. Die PowerShell 5.0 bietet eine Layer 2-Verwaltung für Netzwerkswitches.

Damit Richtlinien für Storage korrekt erstellt werden können, sollte natürlich zuvor festgestellt werden, welchen Ressourcenverbrauch die einzelnen VMs haben. Dazu besteht die Möglichkeit diesen Verbraucht zu messen. Administratoren aktivieren dazu mit dem CMDlet *enable-vmresourcemetering* die Messung. Um die Daten für einzelne VMs danach anzuzeigen, verwenden Sie zum Beispiel das CMDlet *Measure-VM* mit dem Befehl: *(get-vm | measure-vm).HardDiskMetrics*

Die Datenmessung lässt sich mit dem CMDlet *reset-vmresourcemetering* zurücksetzen und mit *disable-vmresourcemetering* deaktivieren. Windows Server 2016 bietet hier zum Beispiel die neue Information zu „NormalizedIOCount". Gezählt werden an dieser Stelle IO-Operationen in 8KB-Blöcken. IO unter 8KB wird als 1 gezählt, IO über 8KB als mehrfaches von 1. Ein IO von 1-8KB zählt also als 1, ein IO von 9KB zählt als 2, 16KB als 2, 17KB als 3, usw. 128 KB zählen zum Beispiel als 8.

Host Guardian Service und Network Controller - Firewall für Hyper-V

Als neue Serverrolle wurde auch der Host Guardian Service in den Server-Manager integriert. Derzeit hat Microsoft allerdings noch wenig Informationen dazu mitgeteilt, wie der Dienst gesteuert werden kann und welche genauen Funktionen er bietet. Die Hauptaufgabe des Dienstes soll die Abschottung des Hosts von einzelnen VMs sein, beziehungsweise VMs voneinander trennen.

Im Bereich der Netzwerk-Absicherung spielt auch der Network-Controller eine wichtige Rolle. Der Serverdienst erlaubt die zentrale Steuerung und Überwachung von Hardware-Netzwerkgeräten, aber auch von virtuellen Switches und virtuellen Netzwerkkarten auf Basis von Hyper-V. Network Controller erweitert die Software Defined Networking-Funktionen in Windows-Server durch eine zentrale Steuerung und Überwachung.

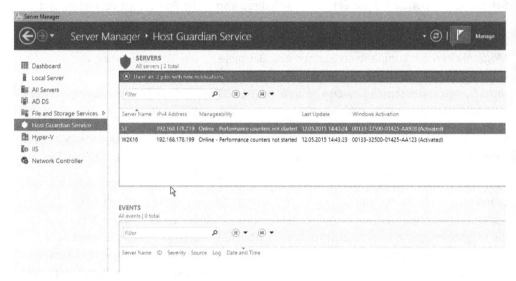

Windows Server 2016 wird Docker unterstützen

Bei Docker handelt es sich um eine Lösung, die Anwendungen im Betriebssystem virtualisieren kann. Anwendungen lassen sich leichter bereitstellen, da die Container mit den virtualisierten Anwendungen transportabel sind. Es macht nicht immer Sinn virtuelle Server zu erstellen und auf diesen Servern Anwendungen bereitzustellen.

Denn bei allen Vorteilen von virtuellen Servern haben diese auch einige Nachteile. Die Images sind oft recht groß, verbrauchen Ressourcen, benötigen emulierte oder virtualisierte Hardware. Außerdem wird ein komplettes Betriebssystem benötigt, welches installiert, verwaltet, gesichert und konfiguriert werden will. Zwar wird Windows Server 2016 mit Nano auch eine angepasste Installation bieten, aber Microsoft geht mit der neuen Serverversion noch weiter und wird Docker direkt unterstützen.

Oft ist es effizienter die Anwendung selbst zu virtualisieren und direkt auf einem Host zu betreiben. Das muss das Betriebssystem aber unterstützten, und die Anwendungen auch. Docker (https://github.com/docker/docker/tree/release) ist eine Virtualisierungslösung. Anwendungen laufen in Docker als Container. Die Images um solche Anwendungen bereitzustellen, werden Docker Images genannt. Diese sind sehr klein, lassen sich schnell verteilen und noch schneller bereitstellen. Docker-Container erhalten eigene IP-Adressen und sich auch über verschiedene Ports ansprechbar.

Windows Server 2016 verfügt ebenfalls über eine Container-Isolations-Technology, die .NET und und andere Anwendungen auf Basis von Node.js, Java, C++ und anderen unterstützt. Developers und Unternehmen können Docker verwenden, um Container-basierte Anwendungen für Windows Server 2016 zu erstellen.

In diesem Zusammenhang lässt sich auch das Docker-Ökosystem für Benutzer, Anwendungen und Tools nutzen. Linux und Windows Server-Images lassen sich auf diesem Weg auch zusammen betreiben. Der Docker-Client soll nativ in Windows Server 2016 unterstützt werden. Administratoren können also den Docker-Client für Windows- und für Linux-Images nutzen. Außerdem werden Windows Server 2016-Container-Images über den Docker Hub verfügbar sein.

System Center Virtual Machine Manager 2016 und Network Controller

Besonders eng arbeitet Network Controller natürlich mit Hyper-V-Hosts und VMs zusammen, die mit System Center Virtual Machine Manager 2016 verwaltet werden. Microsoft stellt, neben den Technical Previews für Windows Server 2016 und Windows 10, auch die Technical Preview von System Center vNext zur Verfügung. Wer Zugriff auf ein MSDN-Abo hat, kann sich die neue Version direkt bei seinen Downloads herunterladen (*http://msdn.microsoft.com/en-us/subscriptions/downloads*), Microsoft stellt aber auch virtuelle Festplatten mit SCVMM vNext zur Verfügung.

Im Evaluierungscenter steht die Version ebenfalls bereit (http://technet.microsoft.com/en-gb/evalcenter/dn781241). Zunächst müssen Sie beachten, dass Sie die neue SCVMM-Version nur auf Servern mit Windows Server 2016 installieren können. Als Datenbank-Server benötigen Sie SQL Server 2014. SCVMM vNext kann die Updates für Hyper-V-Hosts zentral für alle angebundenen Hyper-V-Hosts verwalten. Dazu müssen Sie im Netzwerk aber einen WSUS-Server bereitstellen. Sie können in der Technical Preview von SCVMM vNext logische Switches erstellen und mit allen Einstellungen zu Servern mit Windows Server vNext zuweisen. Auch Profile und Klassifizierungen können Sie verwenden. Allerdings haben in der Vorabversion nur die Bandbreiteneinstellungen eine Funktion. Sobald weitere Testversionen zur Verfügung stehen, sollen sich diese auch an Network Controller anbinden lassen und durch diesen steuerbar und überwachbar sein.

Eine weitere Neuerung in SCVMM vNext besteht darin, dass die virtuellen Netzwerkadapter besser konfiguriert werden können. Später funktioniert das auch zusammen mit dem Network Controller-Dienst. Sie können jetzt zum Beispiel mehrere virtuelle Netzwerkadapter bereits bei der Bereitstellung von virtuellen Servern zur Verfügung stellen. Administratoren können jetzt auch in den Vorlagen für virtuelle Server den Netzwerkadapter benennen. Das funktioniert ähnlich zu Consistent Device Naming (CDN) in physischen Netzwerkadaptern. Dazu muss aber der virtuelle Server als Generation 2-VM erstellt und mit Windows Server vNext installiert werden.

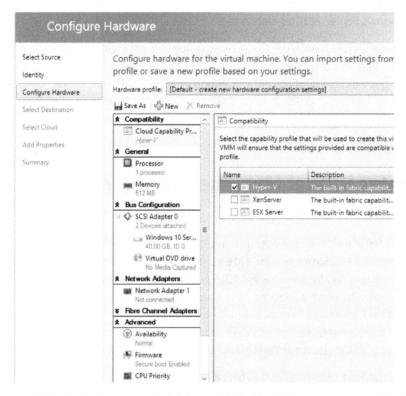

In SCVMM vNext können Sie logische Netzwerk, MAC-Adress-Pools, VM-Netzwerke und IP-Adresspools dazu verwenden, um Netzwerkkonfigurationen für VMs zu erstellen und zentral zu verwalten. Auch hier spielt Network Controller eine wichtige Rolle, da er die Steuerung und Überwachung übernehmen kann.

Bessere Datenspeicherung mit Storage Quality of Services (QoS) und Storage Replica

Microsoft verbessert in jeder Server-Version deutlich die Möglichkeiten der Datenspeicherung auf Windows-Servern. Das gilt auch für Windows Server 2016. Herausragende Neuerungen sind Storage Quality of Services (QoS) und Storage Replica.

Mit QoS können Sie in Windows Server 2016 die Leistung der Datenspeicher zentral über Richtlinien steuern und überwachen. Das gilt nicht nur für physische Datenträger, sondern auch für VMs und virtuelle Festplatten. Wenn Sie Richtlinien erstellen, können Sie diese mehreren Festplatten zuordnen, auch virtuellen Festplatten verschiedener VMs oder iSCSI-Zielen, beziehungsweise den Speicherplätzen (Storage Spaces) von Speicherpools (Storage Pools).

Mit diesen Richtlinien will Microsoft erreichen, dass Windows Server 2016 selbständig Einstellungen verschiedener Datenträger so anpassen kann, dass die Leistung immer der Richtlinie entspricht. In den Richtlinien legen Sie dazu eine Mindestbandbreite fest sowie einen maximalen Datendurchsatz. Sie verwenden zur Erstellung entweder WMI oder die PowerShell.

Storage Replica

Storage Replica bietet die Möglichkeit Datenträger zwischen verschiedenen Hosts zu replizieren. Die Technik lässt sich außerdem über Cluster absichern. Im Rahmen der Einrichtung können Administratoren synchrone und asynchrone Replikationen auswählen. Diese Technik lässt sich zusammen mit Hyper-V-Replica, Datendeduplizierung und Storage Spaces betreiben. Unterstützt werden NTFS und ReFS-Datenträger. Die Replikation erfolgt blockbasiert und ist unabhängig von darunter liegenden Speichermedien. Sie können diese Technologie vor allem im Zusammenhang mit verteilten Clustern nutzen, die gemeinsamen Datenspeicher auch über mehrere Regionen hinweg nutzen sollen. Einfach ausgedrückt verbessern Sie mit der Technologie die Hochverfügbarkeit, da Sie SMB3-Freigaben über weite Strecken hinweg synchron halten können.

Die Technologie ist relativ kompliziert in der Einrichtung. Microsoft stellt aber ein kostenloses Word-Dokument zur Verfügung, mit dem Sie die Technik einrichten können. Sie finden dieses Dokument auf der Seite http://go.microsoft.com/fwlink/?LinkID=514902.

Einfach ausgedrückt, bietet Storage Replica die Möglichkeit auf Block-Level Daten zwischen Servern mit Windows Server 2016 zu replizieren. Mit dem neuen Server-Feature von Windows Server 2016 lassen sich Dateiserver oder andere Server absichern, indem Daten zwischen den Servern automatisiert repliziert werden. Größere Unternehmen können mit der Technologie aber auch auf Clusterebene Daten zwischen Rechenzentren replizieren lassen (Stretched Cluster).

Der Vorteil der neuen Technologie ist die vollständige Unabhängigkeit von Speicherlösungen. Sie können jeden beliebigen Speicher damit replizieren, solange dieser mit einem Server auf Basis von Windows Server 2016 verbunden ist. Die Replikation erfolgt mittels Server Message Block (SMB)-Protokoll 3.

Storage Replica ermöglicht synchrone Replikation zwischen Standorten und kann daher dem Datenverlust durch defekte Server oder Probleme mit dem Dateisystem vorbeugen. Sie können in der Konfiguration des Dienstes aber auch mit einer asynchronen, also zeitverzögerten Replikation arbeiten.

Die Technik arbeitet auch mit RDMA (Remote Direct Memory Access, Remotezugriff auf den direkten Speicher) zusammen. Bei dieser Funktion können Server über das Netzwerk Daten im Arbeitsspeicher austauschen. SMB Direct ist zwischen Servern mit Windows Server 2012 R2/Windows Server 2016 ständig aktiv. Sie müssen weder Einstellungen vornehmen, noch etwas installieren. Damit Netzwerkverbindungen optimal funktionieren, und Sie große Datenmengen mit Storage Replica übertragen können, muss das Netzwerk extrem schnell sein und die Adapter müssen die Funktion unterstützen. Hier sind Adapter mit den Typen iWARP, Infiniband und RDAM over Converged Ethernet (RoCE) sinnvoll. Übertragen lassen sich die Daten aber auch mit TCP/IP, ohne dass RDAM im Einsatz ist.

Storage Replica unterstützt auch andere Speicherfunktionen in Windows Server 2016. Sie können Bitlocker-Laufwerke replizieren sowie Datenträger auf denen die Datendeduplizierung aktiviert ist. Auch Multichannel und Multipath werden unterstützt, was vor allem für die Replikation in Clustern eine wichtige Rolle spielt. Die Daten lassen sich während der Übertragung zwischen Quell- und Ziel-Server verschlüsseln und signieren. Wollen Sie Failover-Szenarien umsetzen, können Sie auch nur einzelne Laufwerke verwenden, Sie müssen das Failover nicht für alle replizierten Laufwerke eines Servers auf einmal starten.

Sobald Windows Server 2016 erscheint ist einer der sinnvollsten Einsatzgebiete von Storage Replica mit Sicherheit die Verwendung mit Hyper-V-Clustern. Sie können zum Beispiel zwei Cluster in physisch getrennten Rechenzentren betreiben und den gemeinsamen Speicher beider Cluster replizieren lassen. Fällt ein Rechenzentrum aus, kann das andere Rechenzentrum sofort übernehmen.

Um das neue Feature zu nutzen, müssen Sie über den Server-Manager das Feature *Windows Volume Replication* installieren. Die Server, die Sie mit Storage Replica synchronisieren lassen, müssen in einer gemeinsamen Active Directory-Gesamtstruktur betrieben werden. Diese muss aber nicht auf Windows Server 2016 aufbauen, hier reicht auch Windows Server 2012 R2 aus.

Für die Storage Replica-Funktion in der grafischen Oberfläche nutzen Sie den Failover-Clustermanager. Über den Bereich *Storage\Disks* sehen Sie alle Datenträger die an den Cluster angebunden sind. Über das Kontextmenü der Datenträger starten Sie den Assistenten für die Einrichtung von Storage Replica. Sie benötigen zwei Server mit Windows Server 2016, die Mitglied der Domäne sind und jeweils über einen Datenträger verfügen, den Sie replizieren lassen. Sie können dazu SAS JBODs, Fibre Channel SAN, oder iSCSI SANs nutzen. Am besten verwenden Sie einen Mix aus HDD und SSD. Sie können aber problemlos auch iSCSI-Ziele auf Windows Server 2012 R2 oder Windows Server 2016 erstellen und den Clusterknoten zuweisen. Damit die Replikation funktioniert, erstellen Sie für beide Knoten jeweils zwei eigene iSCSI-Ziele und weisen diese als Laufwerke zu. Verbinden Sie die Laufwerke mit dem iSCSI-Inititator in Windows Server 2016. Erstellen Sie einen Cluster und fügen Sie die beiden iSCSI-Laufwerke des Quell-Servers als CSV-Laufwerke hinzu (Cluster Shared Colume)

Für die Replikation alleinstehender Server verwenden Sie in der Technical Preview aktuell noch die PowerShell. Nachdem Sie das Quell-Laufwerk ausgewählt haben, wählen Sie im Assistenten das Ziel-Laufwerk für die Replikation aus. In diesem Rahmen wählen Sie auch ein Laufwerk für das Speichern der Logdateien aus. Danach können Sie noch auswählen ob die Ziel-Festplatte bereits Daten der Quell-Festplatte enthält. In diesem Fall werden nur geänderte Daten übertragen. Danach ist der Assistent abgeschlossen und beginnt mit der Einrichtung der Replikation.

Da die Funktion in der Technical Preview noch nicht ganz ausgereift ist, müssen Sie die Einrichtung exakt so vornehmen, wie Sie Microsoft vorschreibt. Dazu können Sie das dazugehörige Whitepaper aus der TechNet herunterladen (http://go.microsoft.com/fwlink/?LinkID=514902). Auf beiden beteiligen Server muss das Feature für Failover-Cluster, Multipath I/O und natürlich Windows Volume Replication installiert. Außerdem sollten Sie entsprechende Firewall-Regeln auf beiden Servern aktivieren:

Enable-NetFirewallRule -CimSession <Quell-Server>,<Ziel-Server> -DisplayGroup "Remote Desktop","File and Printer Sharing"

Mit *Get-NetFirewallRule -CimSession <Server1>,<Server2> -DisplayGroup "Remote Desktop","File and Printer Sharing"* lassen Sie sich die Einstellungen anzeigen. Stellen Sie sicher, dass die Datenträger auf beiden Servern verbunden sind, deren Speicher Sie replizieren wollen. Legen Sie auf den Datenträgern am besten jeweils zwei Partitionen ein. Die eine Partition dient für Protokolldateien, die andere für Daten.

```
                        Administrator: Windows PowerShell        [ _ ][ □ ][ X ]
Windows PowerShell
Copyright (C) 2014 Microsoft Corporation. All rights reserved.

PS C:\Users\administrator.CONTOSO> Enable-NetFirewallRule -CimSession s4,s5 -DisplayGroup "Remote Desktop","File and Pri
nter Sharing"
PS C:\Users\administrator.CONTOSO> get-NetFirewallRule -CimSession s4,s5 -DisplayGroup "Remote Desktop","File and Printe
r Sharing"

Name                  : FPS-NB_Session-In-TCP
DisplayName           : File and Printer Sharing (NB-Session-In)
Description           : Inbound rule for File and Printer Sharing to allow NetBIOS Session Service connections. [TCP
                        139]
DisplayGroup          : File and Printer Sharing
Group                 : @FirewallAPI.dll,-28502
Enabled               : True
Profile               : Any
Platform              : {}
Direction             : Inbound
Action                : Allow
EdgeTraversalPolicy   : Block
LooseSourceMapping    : False
LocalOnlyMapping      : False
Owner                 :
PrimaryStatus         : OK
Status                : The rule was parsed successfully from the store. (65536)
EnforcementStatus     : NotApplicable
PolicyStoreSource     : PersistentStore
PolicyStoreSourceType : Local
PSComputerName        : s5

Name                  : FPS-NB_Session-Out-TCP
DisplayName           : File and Printer Sharing (NB-Session-Out)
Description           : Outbound rule for File and Printer Sharing to allow NetBIOS Session Service connections. [TCP
                        139]
DisplayGroup          : File and Printer Sharing
Group                 : @FirewallAPI.dll,-28502
Enabled               : True
Profile               : Any
Platform              : {}
Direction             : Outbound
Action                : Allow
EdgeTraversalPolicy   : Block
LooseSourceMapping    : False
LocalOnlyMapping      : False
Owner                 :
PrimaryStatus         : OK
Status                : The rule was parsed successfully from the store. (65536)
EnforcementStatus     : NotApplicable
PolicyStoreSource     : PersistentStore
```

Danach installieren Sie die notwendigen Serverdienste-, -Rollen und Features auf den beteiligten Servern. Dazu können Sie ebenfalls die PowerShell verwenden. Im folgenden Beispiel verwenden wir die Servernamen S4 und S5.

$Servers = 'S4','S5'

$Servers | ForEach { Install-WindowsFeature –ComputerName $_ –Name WVR,Failover-Clustering,Multipath-IO,Hyper-V –IncludeManagementTools -restart }

Sie können aber auch den Server-Manager zur Installation verwenden. Installieren Sie die Rollen *File Server* und *Windows Volume Replication*. Um Storage Replica zu nutzen, richten Sie am besten einen Windows-Cluster ein. Das funktioniert in Windows Server 2016 genauso, wie mit Windows Server 2012 R2.

Den Status sehen Sie jeweils im Cluster-Manager. In der Spalte *Replication Role* ist zu sehen, ob es sich bei diesem Datenträger um die Quelle, das Ziel, oder den Datenträger für Logdateien handelt.

Den Status der Replikation sehen Sie auch in der PowerShell mit den beiden CMDlets *Get-SRGroup* und *Get-SRPartnership*.

Wollen Sie zwei Datenträger auf alleinstehenden Servern mit Storage Replica replizieren, benötigen Sie zwei Server mit Windows Server 2016, die Mitglied einer Domäne sind. Bei der Domäne kann es sich auch um eine Vorgängerversion von Windows Server 2016 handeln. Zunächst richten Sie auf dem Quell-Server eine Storage-Replica-Partnerschaft ein, zum Beispiel mit:

New-SRPartnership -SourceComputerName win1001 -SourceRGName rg01 -
SourceVolumeName e: -SourceLogVolumeName e: -DestinationComputerName win10 -
DestinationRGName rg02 -DestinationVolumeName e: -DestinationLogVolumeName e: -
LogSizeInBytes 8gb

Nutzen Sie dazu am besten einen zwei Knoten-Cluster und verwenden Sie einem
gemeinsamen iSCSI-Speicher als Ziel. Hier können Sie zum Beispiel Windows Server 2012 R2
als iSCSI-Ziel verwenden, oder ebenfalls einen Server mit Windows Server 2016.

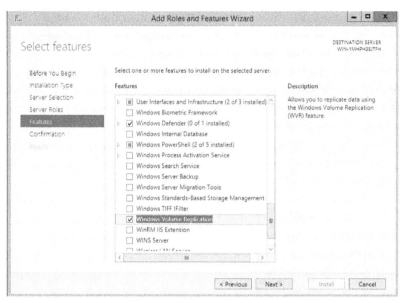

Nach der Einrichtung überprüfen Sie in der Ereignisanzeige auf den Servern, ob die
entsprechenden Einträge für die Erstellung der Gruppe vorhanden sind:

*Get-WinEvent -LogName *WVR/admin -max 20 | fl*

Quell-Server: Ereignisse 5002, 2200, und 5015.

Ziel-Server: Ereignisse 2200, 5005, 5015, 5001, und 5009.

Funktioniert die Replikation, überprüfen Sie deren Daten mit:

Get-SRGroup

Get-SRPartnership

Wollen Sie Replikations-Quelle umdrehen verwenden Sie:

Set-SRPartnership -NewSourceComputerName s5 -SourceRGName rg02 -
DestinationComputerName s4 -DestinationRGName rg01

Um die Replikationspartner zu löschen und neu einzurichten verwenden Sie:

Get-SRPartnership | Remove-SRPartnership

Get-SRGroup | % { Remove-SRGroup -Name $_.name }

Neuerungen in den Remotedesktop-Diensten

Die Funktionen der Remotedesktop-Dienste in Windows Server 2016 entsprechen noch weitgehend den Funktionen in Windows Server 2012 R2. Diese habe ich in meinem Handbuch bei Microsoft Press recht umfangreich erläutert. Über meinen Blog (http://thomasjoos.wordpress.com) finden Sie dazu auch ein Videotraining bei Video2brain und zahlreiche Artikel zu diesem Thema. Einige Verbesserungen hat Microsoft jedoch integriert.

Vor allem RemoteFX, das Protokoll für die Verbesserung der Grafikleistung auf virtuellen Desktops und RDS-Sitzungen, hat Microsoft erweitert. Sie finden die Einstellungen im Hyper-V-Manager über die Hyper-V-Einstellungen des Hosts bei *Physical GPUs*. Damit Sie diese Funktion nutzen können, muss die Grafikkarte die Funktion aber unterstützen.

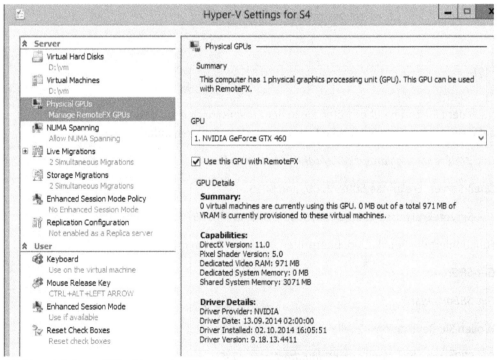

Abbildung 1.2: *RemoteFX hat Microsoft in Windows Server 2016 verbessert*

Damit Sie RemoteFX in Windows Server 2016 nutzen können, muss die Grafikkarte mindestens DirectX 11 unterstützen. Außerdem müssen Sie einen passenden Treiber installieren. Notfalls können Sie mit einem Treiber für Windows 8.1 oder Windows 10 arbeiten. Allerdings ist das in produktiven Umgebungen nicht unbedingt zu empfehlen.

Die Prozessoren auf dem Server müssen außerdem Second Level Address Translation (SLAT) Erweiterungen und Data Execution Prevention (DEP) unterstützen. Außerdem muss die Virtualisierung in der Firmware/BIOS des Servers aktiviert sein. Um diese Vorgaben zu überprüfen, starten Sie die Systeminformationen in der Systemsteuerung, indem Sie *msinfo32.exe* in der Eingabeaufforderung oder der Startseite eingeben.

RemoteFX in Windows Server 2016 unterstützt OpenGL 4.4 und OpenCL 1.1 API. Außerdem können Sie mehr Grafikspeicher einsetzen. Die neue Version unterstützt in diesem Bereich jetzt mehr als 1 GB VRAM. Mehr zu diesen Möglichkeiten finden Sie auf der Internetseite der RDS-Entwickler bei Microsoft (http://blogs.msdn.com/b/rds).

Sobald auf dem Hyper-V-Host RemoteFX konfiguriert und aktiviert ist, können Sie einzelnen virtuellen Computern eine neue RemoteFX-Grafikkarte zuordnen. Auch dazu nutzen Sie den Hyper-V-Manager.

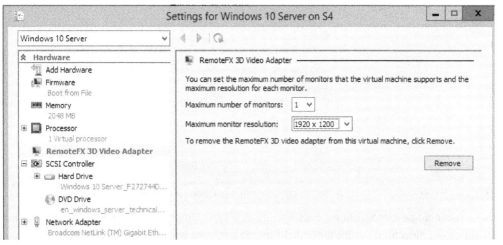

Abbildung 1.3: *Virtuellen Computern ordnen Sie virtuelle RemoteFX-Grafikkarten zu*

MultiPoint-Server in RDS integriert

Mit Windows Server 2016 integriert Microsoft auch die Funktionen von Microsoft Windows MultiPoint Server in RDS als neue Serverrolle. Einfach ausgedrückt handelt es sich bei Multipoint um einen sehr einfachen Remotedesktop-Sitzungshost, der einigen Anwendern einen eigenen virtuellen Desktop zur Verfügung stellen kann. Vergleichbar ist das Produkt mit der Essentials-Rolle, die kleinen Unternehmen oder Niederlassungen die Möglichkeit bietet auf einfache Weise Benutzer anzubinden.

Microsoft zeigt in einem eigenen Videokanal die Möglichkeiten des Vorgängers den Windows MultiPoint Server 2012 (http://www.youtube.com/user/msmultipoint). Diese Techniken gelten weitgehend auch noch in Windows Server 2016.

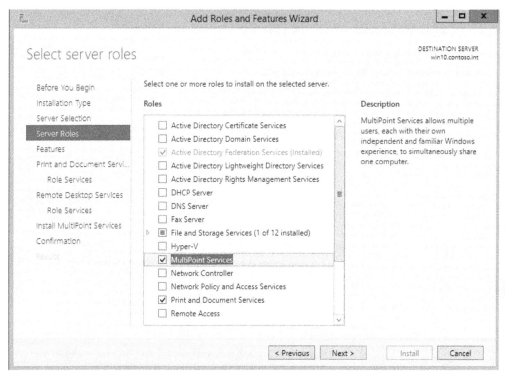

Abbildung 1.3: Microsoft integriert die Funktionen des MultiPoint-Servers in RDS von Windows Server 2016

Diese Technologie ermöglicht es, dass Anwender eigene Umgebungen auf Basis von Windows 10 auf einem einzelnen Computer einrichten und getrennt voneinander nutzen können. Da die Technik ähnliche Funktionen wie RDS bietet, hat Microsoft diese Technologie direkt in Windows Server 2016 integriert. Multipoint richtet sich vor allem an Bildungseinrichtungen, kleine Firmen oder kleine Niederlassungen.

Die Technik bietet sogar die Möglichkeit, dass Anwender Monitor, Tastatur und Maus an den Server direkt anschließen können aber dennoch eine eigene Umgebung erhalten. Natürlich lassen sich die Dienste auch über Thin-Clients oder mit dem normalen RDP-Client nutzen.

Neues in den Active Directory-Verbunddienste

Grundsätzlich bietet Windows Server 2016 die gleichen Neuerungen, die auch Windows Server 2012/2012 R2 im Bereich ADFS bieten. Es gibt aber eine wichtige Neuerung in ADFS von Windows Server 2016.

Sie können jetzt auch Benutzerkonten in ADFS authentifizieren die nicht aus einem Active Directory kommen. Beispiel dafür sind X.50000 kompatible LDAP-Verzeichnisse oder auch SQL-Datenbanken. Microsoft nennt dazu folgende Beispiele:

- AD LDS
- Apache DS
- IBM Tivoli DS
- Novell DS
- Open LDAP
- Open DJ
- Open DS
- Radiant Logic Virtual DS
- Sun ONE v6, v7, v11

Damit ADFS diese Dienste nutzen kann um Benutzerkonten abzufragen, müssen Sie diese natürlich mit dem Server verbinden. Sie müssen dazu eine Vertrauensstellung mit dem LDAP-Verzeichnis und ADFS einrichten. Allerdings können Sie auf diesem Weg nur die formularbasierte Authentifizierung verwenden. Weder die zertifikatbasierte, noch die interne Windows-Authentifizierung, funktioniert mit externen LDAP-Verzeichnissen.

Natürlich sind passive Authentifizierungsmöglichkeiten wie SAML, OAuth, WS-Trust active authorization protocol und WS-Federation möglich. Unterstützt werden in diesem Fall alle passiven Authentifizierungsmechanismen, die auch ADFS unterstützt.

Windows Server 2016 bietet in diesem Bereich auch die Möglichkeit mehrere LDAP-Verzeichnisse mit einer ADFS-Farm zu verbinden. Auch die Anbindung an Active Directory lässt sich parallel durchführen. Durch diese Skalierbarkeit brauchen Sie also keine verschiedenen ADFS-Farmen, sondern können alles mit einer einzelnen Farm betreiben.

Um LDAP-Verzeichnisse an ADFS anzubinden, müssen Sie zunächst die grundsätzliche Verbindung herstellen. Dazu verwenden Sie das CMDlet *New-AdfsLdapServerConnection*.

Sie haben auch die Möglichkeit mehrere LDAP-Server des externen Verzeichnisses anzubinden. Dazu verwenden Sie die Option *-LdapServerConnection* des CMDlets *Add-AdfsLocalClaimsProviderTrust*.

Mit dem CMDlet *New-AdfsLdapAttributeToClaimMapping* binden Sie Attribute des externen LDAP-Verzeichnisses an ADFS-Claims.

Außerdem müssen Sie den LDAP-Speicher noch mit ADFS als lokaler Claims-Provider-Trust verbinden. Auch dazu verwenden Sie die PowerShell und das CMDlet *Add-AdfsLocalClaimsProviderTrust*. Microsoft zeigt in der Technet einige Beispiele dazu:

http://technet.microsoft.com/en-us/library/dn823754.aspx.

Alle CMDlets lassen Sie sich am schnellsten mit *get-command *adfs** anzeigen. Der Befehl *get-command *adfsLDAP** zeigt die CMDlets an, mit denen Sie die LDAP-Verbindungen aktivieren.

Hyper-V 2016 in Windows Server 2016 und Windows 10

Mit der Technical Preview von Windows 10 hat Microsoft auch Windows Server Technical Preview 2 zur Verfügung gestellt, den Nachfolger von Windows Server 2012 R2. In den nächsten Abschnitten zeigen wir Ihnen einige der interessantesten Neuerungen im Bereich Hyper-V, die der neue Server mit sich bringt. In den einzelnen Abschnitten in diesem Buch, gehen wir auf die Neuerungen auch in der Praxis ein.

Damit Sie Windows Server 2016 installieren können muss der Server SLAT unterstützen. Hyper-V ist optimiert für die Prozessoren von Intel und AMD, welche Second-Level Address Translation (SLAT) und CPU Core Parking unterstützen (Intel EPT/AMD RVI). SLAT nutzt spezielle Erweiterungen in Intel- und AMD-Prozessoren, welche die Verwaltung des virtuellen Arbeitsspeichers beschleunigen. Das beschleunigt VMs und spart zudem noch Arbeitsspeicher und CPU-Zeit, die der Hypervisor benötigt.

Neue Virtual Machine Configuration-Version - Update-VmConfigurationVersion

Mit Windows Server 2016 bietet Microsoft auch einige neue Features für virtuelle Maschinen. Auf diese gehen wir nachfolgend ein. Damit Sie diese Funktionen aber nutzen können, müssen Sie die Version vorhandener, virtueller Server zunächst auf Windows Server 2016 aktualisieren. Dazu verwenden Sie das neue CMDlet *Update-VmConfigurationVersion*. Diese Version hat nichts mit der Generation zu tun, also Generation 1 oder Generation 2, sondern sagt lediglich aus mit welchem Virtualisierungs-Host die entsprechende VM kompatibel ist.

Auch wenn Sie einen Server zu Windows Server 2016 aktualisieren, oder in einer Livemigrations-Umgebung zur neuen Serverversion verschieben, wird die Hyper-V-Version nicht aktualisiert. Sie müssen diesen Vorgang manuell durchführen.

VMs, die Sie nicht aktualisieren, können Sie jederzeit wieder zu Servern mit Windows Server 2012 R2 zurück verschieben. Allerdings können Sie mit der alten Version nicht die neuen Funktionen von Windows Server 2016 nutzen. Auf diese gehen wir nachfolgend ausführlicher ein. Die alte Version in Windows Server 2012 R2 trägt die Bezeichnung Version 5.x, VMs in Windows Server 2016 haben die Version 6.x.

Diese VMs laufen nicht auf Servern mit Windows Server 2012 R2! Die Version lassen Sie mit *Get-VM * | Format-Table Name, Version* anzeigen. Der Befehl funktioniert auch in Windows Server 2012 R2.

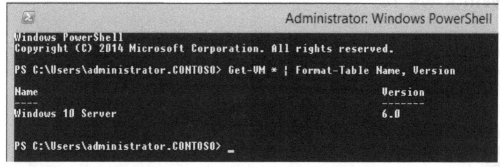

```
Windows PowerShell
Copyright (C) 2014 Microsoft Corporation. All rights reserved.

PS C:\Users\administrator.CONTOSO> Get-VM * | Format-Table Name, Version

Name                                              Version
----                                              -------
Windows 10 Server                                 6.0

PS C:\Users\administrator.CONTOSO> _
```

Um eine VM auf Version 6.0 zu aktualisieren, verwenden Sie den Befehl *Update-VmConfigurationVersion vmname* oder *Update-VmConfigurationVersion vmobject*.

Cluster mit Windows Server 2016 und Windows Server 2012 R2

Sie können mit Windows Server 2016 Clusterknoten mit der neuen Version zu Clustern mit Windows Server 2012 R2 hinzufügen ohne den Betrieb zu beeinträchtigen. Wie bei den VMs gilt auch hier, dass die neuen Funktionen in Hyper-V für Windows Server 2016 nur dann zur Verfügung stehen, wenn alle Clusterknoten auf Windows Server 2016 aktualisiert wurden. Dazu müssen Sie die Clusterkonfiguration mit *Update-ClusterFunctionalLevel* aktualisieren. Dieser Vorgang ist aber eine Einbahnstrasse. Sie können den Vorgang nicht rückgängig machen.

Betreiben Sie im Cluster Knoten mit Windows Server 2016 und Windows Server 2012 R2, können Sie VMs problemlos zwischen den Knoten verschieben. Allerdings sollten Sie den Cluster in diesem Fall nur noch von Servern mit Windows Server 2016 aus verwalten oder von Arbeitsstationen mit Windows 10 und installierten Remoteserver-Verwaltungstool für Windows 10 (http://www.microsoft.com/en-us/download/details.aspx?id=44280) und Windows Server 2016. Diese stellt Microsoft bereits für Windows 10 Technical Preview zur Verfügung.

Sie können die neuen Funktionen in Windows Server 2016 aber erst dann nutzen, wenn Sie den Cluster auf die neue Version aktualisieren. Sie können für die VMs im Cluster auch erst dann die neue Version für VMs mit *Update-VmConfigurationVersion vmname* konfigurieren, wenn Sie den Cluster auf die neue Version aktualisiert haben.

Erstellen Sie im Cluster neue VMs haben diese immer die Version 5.0 von Windows Server 2012 R2. Erst wenn Sie den Cluster zu Windows Server 2016 aktualisieren, werden die VMs mit der neuen Version 6.0 erstellt.

Wenn Sie den Cluster mit *Update-ClusterFunctionalLevel* zur neuen Version mit Windows Server 2016 aktualisiert haben, können Sie die VMs zur neuen Version 6 aktualisieren. Dazu verwenden Sie *Update-VmConfigurationVersion*. Ab diesem Moment können Sie die neuen Hyper-V-Funktionen in Windows Server 2016 nutzen. Sie können allerdings dann keine Clusterknoten mit Windows Server 2012 R2 mehr hinzufügen.

Mit Cluster Cloud Witness können Sie bei Clustern auf Basis von Windows Server 2016 auch VMs in Microsoft Azure als Zeugenserver nutzen. Das ist vor allem für Rechenzentrumsübergreifende Cluster ein wichtiger Punkt.

Außerdem sind Cluster in der neuen Version stabiler. Mit Cluster Compute Resiliency und Cluster Quarantine werden Clusterressourcen nicht mehr unnötig zwischen Knoten verschoben, wenn ein Clusterknoten Probleme hat. Knoten werden in Isolation versetzt, wenn Windows erkennt, dass der Knoten nicht mehr stabil funktioniert. Alle Ressourcen werden vom Knoten verschoben und Administratoren informiert.

Storage quality of service (QoS) für Dateiserver und Hyper-V

Sie können in Windows Server 2016 QoS-Policies erstellen, für Dateiserver verwenden und mehreren virtuellen Festplatten in Hyper-V zuweisen. Hyper-V kann in diesem Fall also auch virtuelle Dateiserver und virtuelle Festplatten an die Leistung anpassen. Dabei handelt es sich im Grunde genommen um keine Neuerung von Hyper-V, sondern um eine Neuerung von Dateiservern mit Windows Server 2016.

Sie können die Richtlinien mit der neuen PowerShell in Windows Server 2016 zuweisen oder über WMI. Außerdem können mehrere VHDs die gleiche Richtlinie verwenden. Mehr dazu lesen Sie in der TechNet: http://technet.microsoft.com/en-us/library/596f28ec-e154-4c2e-9e82-7e42afe0e9fa#BKMK_QoS.

VMCX- Neues Format für die VM-Konfiguration in Windows Server 2016

Mit Windows Server 2016 gibt es auch ein neues Format für die Speicherdateien der VM-Konfiguration in Hyper-V. Dieses Format kann Windows-Server jetzt wesentlich schneller lesen und schreiben, als in den Vorgängerversionen bis hin zu Windows Server 2012 R2.

Außerdem sind die Dateien nicht so anfällig und wesentlich robuster bei Abstürzen, ähnlich zu den VHDX-Dateien.

Das neue Format nutzt die Endung *.vmcx. Für Laufzeitdaten wird die Endung *.vmrs verwendet. Bei den Dateien handelt es sich um Binärdateien. Sie dürfen diese nicht direkt bearbeiten. Windows Server 2012 R2 verwendet in diesem Bereich XML-Dateien.

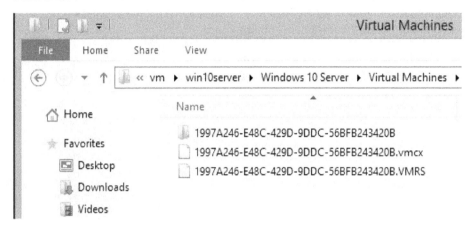

Bessere Snapshots - Production Checkpoints

Microsoft hat die Snapshots in Windows Server 2016, auch CheckPoints genannt, wesentlich verbessert. Sie können zu einem bestimmten Zeitpunkt einen Point-In-Time-SnapShot erstellen und diesen später jederzeit wiederherstellen lassen. Das geht zwar grundsätzlich auch in Windows Server 2012 R2 schon aber wesentlich ineffizienter und vor allem unsicherer.

Dazu wird für Snapshots (Checkpoints) jetzt die Datensicherung innerhalb der VM verwendet, im Gegensatz zur Technologie zum Speichern einer VM in den Vorgängerversionen. Die Technik nutzt den Volume Snapshot Service (VSS) im Gast-Betriebssystem, wenn Sie Windows einsetzen und einen Checkpoint erstellen. Die VM erkennt jetzt also, dass es einen Snapshot gibt und kann diesen produktiv nutzen.

Virtuelle Linux-Servern verwenden den internen Systempuffer um einen konsistenten Snapshot zu erstellen. In Windows Server 2016 stehen aber auch noch die herkömmlichen Snapshots von Windows Server 2012 R2 weiter zur Verfügung. In Windows Server 2016 werden jetzt aber standardmäßig die neuen Snapshots verwendet, wenn Sie mit der neuen Version 6 arbeiten. Die Einstellungen dazu finden Sie in den Eigenschaften der VMs, wenn Sie auf *Checkpoints* klicken.

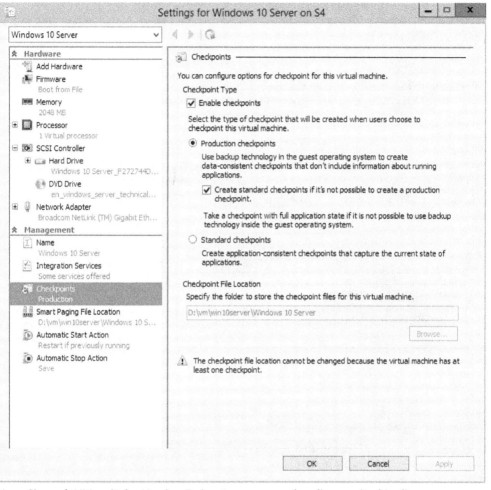

Wenn Sie noch VMs mit der Version 5 einsetzen, verwenden diese weiterhin die herkömmliche Technik für Windows Server 2012 R2.

Außerdem führt Microsoft mit der neuen Version „Backup Change Tracking" ein. Softwarehersteller wie Veeam, müssen dann keine zusätzlichen Treiber mehr installieren, um Änderungen in VMs zu überwachen. Das erleichtert und verbessert die Datensicherung und verhindert das Installieren zusätzlicher Treiber.

Verbesserungen im Hyper-V-Manager

Microsoft hat auch in den Hyper-V-Manager Neuerungen integriert. Wenn Sie zum Beispiel neue Hosts im Hyper-V-Manager anbinden, können Sie alternative Anmeldedaten für jeden Host eingeben und diese auch speichern.

Diese Funktion können Sie auch zur Anbindung von älteren Versionen verwenden. Mit dem Hyper-V-Manager in Windows Server 2016 können Sie auch Hyper-V in Servern mit Windows Server 2012/2012 R2 und auf Rechnern mit Windows 8/8.1 und natürlich Windows 10 verwalten.

Die neue Version kommuniziert über das WS-MAN-Protokoll mit den Hyper-V-Hosts im Netzwerk und unterstützt jetzt auch CredSSP, Kerberos und NTLM. Mit CredSSP können Sie zum Beispiel Livemigrationen durchführen, ohne zuerst Delegierungen erstellen zu müssen. WS-Man nutzt Port 80, was die Verbindung mit externen Clients und die Remoteverwaltung wesentlich vereinfacht.

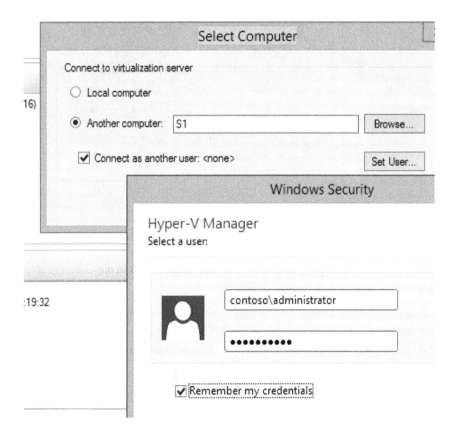

Integration Services mit Windows Update und WSUS aktualisieren

Mit Windows Server 2016 will Microsoft auch die Integrationsdienste in den VMs über Windows Update aktualisieren. Sie können dazu die VMs auch an eine WSUS-Infrastruktur anbinden und auf diesem Weg die Integrationsdienste aktuell halten. Aus diesem Grund hat Microsoft auch die Datei *vmguest.iso* entfernt. Die Datei wird nicht mehr benötigt.

VMs erkennen, wenn Sie virtuell installiert sind und fragen bei WSUS oder Windows-Update direkt nach den Aktualisierungsdaten für die Integrationsdienste.

Netzwerkadapter und Arbeitsspeicher im laufenden Betrieb verwalten

In Windows Server 2016 können Sie Netzwerkadapter im laufenden Betrieb hinzufügen und entfernen. Sie müssen dazu VMs also nicht mehr herunterfahren.

Sie können bei Generation 2-VMs auch den Arbeitsspeicher von Servern im laufenden Betrieb anpassen, auch dann wenn Sie nicht Dynamic Memory nutzen. Das funktioniert aber nur wenn auch in der VM Windows Server 2016 oder Windows 10 installiert sind.

Linux Secure Boot und Generation 2-VMs

Generation 2-VMs können Sie auch mit Linux-VMs nutzen. Das bietet Linux-VMs auch die Möglichkeit über UEFI zu booten und auch die Secure Boot-Funktion von UEFI zu nutzen. Dazu müssen Sie Ubuntu ab Version 14.04 oder SUSE Linux Enterprise Server ab Version 12 einsetzen. Diese Systeme sind automatisch für Secure Boot aktiviert. Bevor Sie eine solche VM starten, sollten Sie aber erst konfigurieren, dass die VM auch die Microsoft UEFI Certificate Authority nutzt. Dazu müssen Sie den folgenden Befehl auf dem Host eingeben:

Set-VMFirmware vmname -SecureBootTemplate MicrosoftUEFICertificateAuthority

Cluster mit Windows Server 2016

Die neue Funktion *Cluster Operating System Rolling Upgrade* bietet die Möglichkeit Clusterknoten mit Windows Server 2012 R2 auf Windows Server 2016 zu aktualisieren, ohne dass Serverdienste ausfallen. Bei diesen Vorgängen werden weder Hyper-V-Dienste noch Dateiserver-Freigaben beendet und stehen den Anwender weiter zur Verfügung.

Wenn Sie also einen Clusterknoten zu Windows Server 2016 aktualisieren, gibt es keiner Ausfallzeit mehr. Das ist neu in Windows Server 2016 und war bisher noch nicht mal mit Windows Server 2012 R2 möglich. Wir sind im Abschnitt zu den Neuerungen in Hyper-V bereits auf das Thema eingegangen, da die neue Technologie vor allem für Hyper-V-Cluster geeignet ist. Der Ablauf bei dieser Migration ist folgender:

1. Der Cluster-Knoten wird angehalten.

2. Allen virtuellen Maschinen die auf ihm ausgeführt werden, erkennt der Cluster.

3. Die virtuellen Maschinen oder anderen Cluster-Workloads werden zu einem anderen Knoten verschoben.

4. Das vorhandene Betriebssystem wird entfernt und eine Neu-Installation von Windows Server 2016 durchgeführt.

5. Der Knoten mit Windows Server 2016 wird dem Cluster hinzugefügt.

6. An diesem Punkt wird der Cluster die im gemischten Modus ausgeführt, da die restlichen Cluster-Knoten noch auf Windows Server 2012 R2 basieren.

7. Die funktionelle Cluster-Ebene bleibt bei Windows Server 2012 R2. Bei dieser Funktionsebene werden neue Features in Windows Server 2016, welche die Kompatibilität beeinflussen, nicht aktiviert.

8. Sie aktualisieren jetzt alle Clusterknoten nach und nach.

9. Nach diesen Vorgängen wird die Cluster-Funktionsebene für Windows Server 2016 mit dem Powershell-Cmdlet *Update-ClusterFunctionalLevel* geändert. Ab jetzt können Sie die Vorteile von Windows Server 2016 nutzen.

PowerShell 5.0 - OneGet-Framework und mehr

Windows Server 2016 verfügt über die neue PowerShell 5.0. Das gilt auch für Windows 10. Die PowerShell ist bereits nach der Installation verfügbar, sie muss also nicht erst aktiviert werden. Wer die neuen Funktionen der PowerShell 5.0 auch mit Windows Server 2012 R2 und Windows 8.1 nutzen will, kann sich Windows Management Framework 5.0 Preview installieren.

Die neue Version verbessert unter anderem die, mit der PowerShell 4.0 eingeführte Technologie, Desired State Configuration (DSC) (http://blogs.msdn.com/b/powershell/archive/2014/08/07/introducing-the-azure-powershell-dsc-desired-state-configuration-extension.aspx) Mit dieser Technologie lassen sich in der PowerShell Sicherheitsvorlagen für Arbeitsstationen und Server erstellen und umsetzen.

Hauptsächlich verbessert die PowerShell 5.0 einige Fehler in DSC und kann mehr Ressourcen verwalten. Mit der neuen Option *ThrottleLimit,* können Sie die Anzahl der Zielcomputer für DSC festlegen, auf denen die Ihnen gewünschten Einstellungen gleichzeitig umgesetzt werden können. Die Option steht für folgende CMDlets zur Verfügung:

Get-DscConfiguration

Get-DscConfigurationStatus

Get-DscLocalConfigurationManager

Restore-DscConfiguration

Test-DscConfiguration

Compare-DscConfiguration

Publish-DscConfiguration

Set-DscLocalConfigurationManager

Start-DscConfiguration

Update-DscConfiguration

Mit dem neuen Modul PowerShellGet können Sie DSC-Ressourcen und mehr direkt in der PowerShell Resource Gallery (https://msconfiggallery.cloudapp.net) nutzen, installieren oder hochladen. Generell können Sie in der neuen Version Skripte besser überwachen und entwickeln.

Neben den üblichen Verbesserungen bietet die PowerShell 5.0 aber auch einige Neuerungen. Auf diese gehen wir nachfolgend ein.

Die PowerShell ist vollständig rückwärtskompatibel. Grundsätzlich funktionieren alle CMDlets, Skripte und Erweiterungen der Vorgängerversionen, bis hin zur PowerShell 2.0, grundsätzlich auch in der PowerShell 5.0. Natürlich sollten Sie hier zuerst gründlich testen.

OneGet Framework als Paketmanager

Die wichtigste Neuerung in der PowerShell 5.0 ist das OneGet-Framework. Dabei handelt es sich um einen Paketmanager zur Installation von Software. Mit diesem können Sie Software auf Rechnern als Paket installieren oder deinstallieren.

Microsoft OneGet-Framework ist in dieser Hinsicht kompatibel mit den Softwarepaketen von NuGet (http://www.nuget.org). Diese OpenSource-Lösung bietet etwa 2.000 Softwarepakete. Sie können diese bereits jetzt verwenden. OneGet kann auch Chocolatey Repositories (http://chocolatey.org) installieren.

Das PowerShell-Modul für OneGet laden Sie in der PowerShell dem Befehl:

Import-Module -Name OneGet

Die Befehl in diesem Modul lassen Sie sich mit *Get-Command -Module OneGet* anzeigen. Generell ist die Verwendung der PowerShell ISE aber besser für OneGet geeignet. Sie können aber auch problemlos über Skripte in der normalen PowerShell die Paketfunktion nutzen. Bevor Sie Pakete installieren, überprüfen Sie ob die Ausführungsrichtlinie für Skripte auf RemoteSigned gesetzt ist.

Dazu verwenden Sie den Befehl: *Set-ExecutionPolicy RemoteSigned*. In den Preview-Versionen der PowerShell sind noch nicht alle Quellen verfügbar. Welche derzeit angebunden sind, sehen Sie mit *Get-PackageSource*. Die Befehle im Modul können Sie sich mit *Get-Command -Module OneGet* anzeigen lassen.

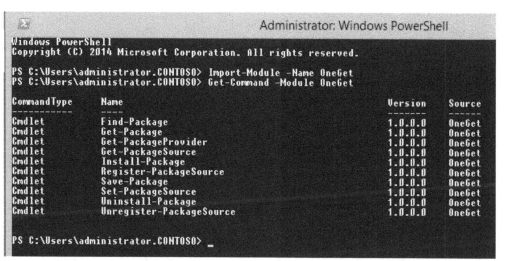

Wollen Sie die Pakete anzeigen die mit OneGet installiert werden können, verwenden Sie das CMDlet *Find-Package | Out-Gridview*. Wollen Sie ein Paket zu Testzwecken installieren, verwenden Sie den folgenden Befehl:

Find-Package | Out-GridView -Title "<Paket das installiert werden soll>" -PassThru | Install-Package -Force

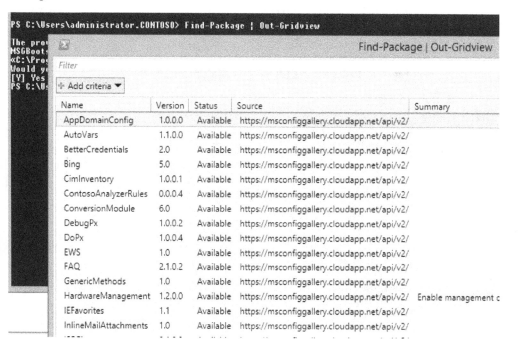

Wollen Sie ein Paket installieren, verwenden Sie:

Find-Package | Out-GridView -Title "<Paket das installiert werden soll>" -PassThru | Install-Package –Force

Die Pakete werden standardmäßig ohne Benutzereingaben installiert. Die dazu notwendigen Optionen wurden direkt in das Paket integriert. Sie können dieses Verhalten also nicht über die PowerShell steuern, sondern über die Installationsdateien des Paketes. Wie Sie solche Pakete für die PowerShell 5.0 erstellen, sehen Sie in diesem Video (https://www.youtube.com/watch?v=Wt_unjS_SUo).

Sie können mit OneGet also auch Basis-Images von Windows-Arbeitsstationen erstellen. Dazu installieren Sie das Betriebssystem und danach Basis-Anwendungen die über die Pakete zur Verfügung stehen. Wollen Sie bestimmte Pakete suchen, verwenden Sie:

*Find-Package -Name *<Name>**

Arbeiten Sie immer mit den beiden Platzhaltern *, da Sie nur so alle relevanten Pakete angezeigt bekommen. Kennen Sie den genauen Namen des Paketes, können Sie die Platzhalter natürlich weglassen. Neben der Möglichkeit nach Anwendungen in den Paketen zu suchen, haben Sie auch die Möglichkeiten nach den Versionen zu suchen. Dazu verwenden Sie die Option *-MinimumVersion* <Version> des CMDlets *Find-Package*. Wollen Sie neuere Versionen filtern, verwenden Sie *-MaximumVersion*.

Data Center Abstraction (DAL)

DAL bietet eine Remoteverwaltung von Rechenzentren und kompatiblen Netzwerkkomponenten. Dazu müssen die Netzwerkkomponenten allerdings von Microsoft zertifiziert sein. Zu den zertifizierten Herstellern gehören derzeit Cisco und Huawei.

Setzen Sie kompatible Geräte ein, lassen sich diese in der PowerShell verwalten. Microsoft geht in der TechNet (http://technet.microsoft.com/en-us/cloud/dal.aspx) näher auf die Funktionen und Möglichkeiten von kompatiblen Geräten ein. Beispiele für die Skriptsteuerung von kompatiblen Geräten, finden Sie auch in der MSDN (http://blogs.msdn.com/b/powershell/archive/2013/07/31/dal-in-action-managing-network-switches-using-powershell-and-cim.aspx).

Sie können die zertifizierten Geräte auch über System Center Virtual Machine Manager 2016 verwalten. Die PowerShell 5.0 bietet eine Layer 2-Verwaltung für Netzwerkswitches..

Weitere Neuerungen der PowerShell 5.0

Sie können in der PowerShell auch Zip-Archive entpacken und erstellen. Dabei helfen die beiden neuen CMDlets *Compress-Archive* und *Expand-Archive*. Mehr zu diesem Thema lesen Sie in einem eigenen Blogbeitrag bei Learn PowerShell (http://learn-powershell.net/2014/08/23/more-new-stuff-in-powershell-v5-expand-and-compress-archive-cmdlets)

Pro Programmentwickler wird freuen, dass mit der PowerShell auch Klassendefinitionen möglich sind. Hier können Sie mit dem neuen Schlüsselwort „class", wie in Objektorientierten Sprachen, eigene Klassen zu definieren. Beispiel:

 # Definition einer Klasse

class Computer

Die Klasse *Computer* können Sie dann im weiteren PowerShell-Skript verwenden. Wie schnell erkennbar wird, bietet die PowerShell mit jeder neuen Version wirklich interessante Funktionen, die Administratoren, aber auch Entwicklern das Leben leichter machen. Da die neue Version auch für Windows 8.1 und Windows Server 2012 R2 verfügbar ist, sollten sich Administratoren jetzt schon mit den Möglichkeiten auseinandersetzen.

Das neue CMDlet *ConvertFrom-String* bietet die Möglichkeit Objekte direkt aus Suchergebnissen und Texten auszulesen und für Befehle zu verwenden.

Windows Defender für Windows Server 2016

Für Unternehmen, die keinen externen Virenscanner betreiben, oder die während der Einrichtung des Servers bereits geschützt sein wollen, bietet Windows Server 2016 die standardmäßige Aktivierung von Windows Defender.

Die Aktualisierung des Virenschutzes findet über Windows Update statt, genauso wie auf Windows-Arbeitsstationen. Achten Sie aber darauf, dass diese Funktion standardmäßig auf Windows-Servern nicht aktiv ist, der Scanner selbst aber schon.

Die Windows-Update-Steuerung erreichen Sie am schnellsten, wenn Sie *wuapp* im Suchfeld des Startmenüs eingeben. Hier starten Sie die Aktualisierung des Servers.

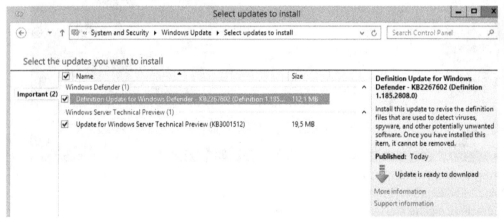

Im Gegensatz zur Clientversion Windows 10, wird auf Servern mit Windows Server 2016 allerdings nicht das Verwaltungsprogramm für Windows Defender installiert. Sie können also in der grafischen Oberfläche keine Einstellungen ändern, Windows Defender schützt das System im Hintergrund aber automatisch. Sie können die Funktion des Schutzes auch ohne die GUI verifizieren. Dazu verwenden Sie in der Befehlszeile:

sc query Windefend

Der Dienst muss als gestartet angezeigt werden. Auf dem Server finden Sie im Verzeichnis *C:\Program Files\Windows Defender* Befehlszeilentools von Windows Defender, zum Beispiel *MPCMDRun.exe*. Sie können über den Server-Manager und dem Assistenten zum Hinzufügen oder Entfernen von Rollen (*Manage\Add Roles and Features*) aber Windows Defender deinstallieren, oder die GUI von Windows Defender installieren.

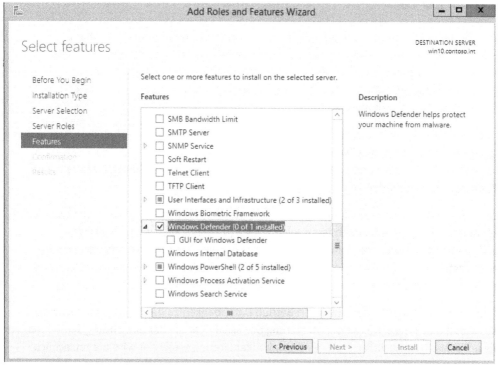

Abbildung 1.6: Windows Defender und dessen GUI können Sie im Server-Manager installieren oder deinstallieren

Damit der Server zuverlässig geschützt wird, müssen Sie manuell oder über Gruppenrichtlinien die Windows-Updates aktivieren. Wollen Sie den Echtzeitschutz in Windows Server 2016 deaktivieren, verwenden Sie die PowerShell und den Befehl:

Set-MpPreference -DisableRealtimeMonitoring $true

Um die Funktion wieder zu aktivieren, verwenden Sie:

Set-MpPreference -DisableRealtimeMonitoring $false

Wollen Sie einige Pfade aus der Echtzeitüberprüfung ausklammern, verwenden Sie:

Add-MpPreference -ExclusionPath "<Verzeichnis>"

Diese Ausnahmen können Sie aus der Konfiguration auch wieder löschen:

Remove-MpPreference -ExclusionPath "<Verzeichnis>"

Windows Server 2016 und Microsoft Azure 2015/2016

Derzeit müssen Anbieter noch genau festlegen, wie groß jede einzelne Datenbank in Microsoft Azure sein soll und wie deren Performance angelegt ist. Das hat häufig die Auswirkung, dass viele SaaS-Anbieter die Datenbanken zu groß dimensioniert haben, da bei Leistungsspitzen genügend Leistung zur Verfügung stehen muss. Zu normalen Nutzungszeiten liegen diese Funktionen aber brach.

Alle Datenbanken im neuen SQL Database Elastic Pool werden automatisch gesichert und bei der Wiederherstellung im gleichen Pool integriert. Die Pools lassen sich auch in verschiedenen Ländern und Regionen definieren, sodass Sie Datenbanken innerhalb eines Pools auch in verschiedenen Ländern positionieren können.

Die neuen Elastic Pools in SQL Azure, bieten die Möglichkeit die Speichergrößen und Leistung für einen Pool an Datenbanken festzulegen. Das ist wesentlich flexibler als bisher, denn während einzelne Datenbanken mehr Leistung benötigen, sind andere Datenbanken weniger ausgelastet. Natürlich lässt Microsoft Azure auch das Festlegen von Grenzwerten zu, sodass einzelne Datenbanken nicht den ganzen Pool beeinträchtigen können.

Administratoren können im laufenden Betrieb Datenbanken zu den Pools hinzufügen oder aus diesen entfernen. Neben der Steigerung der Flexibilität bei der Einrichtung sinkt durch die neue Technologie auch der Preis der Datenbanken. Denn verrechnet wird die tatsächlich verwendete Leistung.

Verschlüsselung und bessere Suche - Transparend Data Encryption und Co.

Entwickler und Administratoren können Datenbanken und deren Inhalt in Microsoft Azure jetzt genauso verschlüsseln, wie Datenbanken auf lokalen SQL-Servern mit SQL Server 2014. In diesem Zusammenhang integriert Microsoft jetzt auch die Volltext-Suche in text-basierten Datenfeldern. Das erhöht nicht nur die Sicherheit, sondern beschleunigt auch die Suche in den Datenbanken.

Die Verschlüsselung wird jetzt auch in Azure Storage unterstützt. Dazu verwenden Entwickler die Azure Storage Client Library für .NET. Über diesen Weg lässt sich sehr einfach eine deutlich höhere Sicherheit der Daten garantieren. In diesem Zusammenhang ist auch interessant zu wissen, dass Azure Premium Storage von allen Kunden genutzt werden kann. Azure Premium Storage speichert seine Daten auf hoch performanten SSD, auf insgesamt bis zu 32 TB.

Azure Data Lake - Mehr Big Data in Microsoft Azure

Microsoft bietet in Azure neue Speicherungsmöglichkeiten für sehr große Datenmengen. Azure Data Lake erlaubt die Speicherung beliebiger Daten in sehr hoher Menge direkt in der Cloud. Microsoft verspricht eine nahezu unbegrenzte Datenspeicherung. Hier hat Microsoft auch ganz klar Big Data-Szenarien im Hinterkopf.

Data Lakes sind ein relativ neuer Trend im Big Data-Bereich. Zwar gibt es den Bereich seit langem, aber erst durch die ständig wachsenden Datenmengen spielen Data Lakes eine wichtige Rolle bei der Datenspeicherung in Unternehmen. Data Lakes sind einfach ausgedrückt, eine firmeninterne Speichermöglichkeit für alle Daten und Quellen.

Anwender im Unternehmen, können auf Basis Ihrer Berechtigungen, auf die Daten zugreifen und diese analysieren. Für gewöhnlich liegen die Daten im Data Lake in unveränderter Form vor, sie werden also nicht transformiert. Der Zugriff auf den Data Lake erfolgt mit verschiedenen Analyse-Werkzeugen, welche die Daten erst für den eigenen Gebrauch umwandeln.

Viele Unternehmen betreiben eigene Data Lakes. Diese haben aber den Nachteil, dass eigene, sehr teure Speicherhardware zur Verfügung gestellt muss. Administratoren müssen die Hardware und dazu gehörige Software installieren, verwalten und überwachen. Unternehmen müssen den Speicher lizenzieren, für Hochverfügbarkeit sorgen, Sicherungen einplanen und ständig bereit sei die Hardware zu skalieren. Aus diesem Grund ist das Speichern von Daten in der Cloud wesentlich besser. Denn hier lässt sich Speicher schneller skalieren, durch Knopfdruck bereitstellen, und von überall nutzen.

Mit Azure Data Lake bietet Microsoft eine weitere Speichermöglichkeit in Microsoft Azure. Der Dienst steht, wie Azure Storage auch, für verschiedene andere Dienste zur Verfügung. Speicher in Azure Data Lake kann auch sehr gut mit gestreamten Daten umgehen, also Daten die normalerweise über eine schlechte Latenz verfügen, dafür eine große Datenmenge verursachen und ständig aktualisiert werden.

Microsoft bietet mit Azure Data Lake die Möglichkeit Daten zu speichern, die vollständig unverändert in ihrem ursprünglichen Format vorliegen. Das heißt, es muss keinerlei Transformation erDie Analyse der gespeicherten Daten ist mit zahlreichen Analyse-Werkzeugen möglich, auch außerhalb von Azure. Der Vorteil bei der Verwendung des Data Lake in Microsoft Azure ist dessen Verknüpfung mit anderen Serverdiensten in der Cloud. Unternehmen speichern ihre Daten also im Data Lake. Der HDInsight-Dienst kann auf die Daten zugreifen, und auch SQL Data Warehouse kann sich aus diesen Daten bedienen. Da Azure Data Lake auch parallele Zugriffe ermöglicht, können diese unterschiedlichen

Datendienste auch gleichzeitig auf die Daten im Data Lake zugreifen. Das gilt auch für weitere Zugriffe von Microsoft Revolution-R Enterprise oder Machine Learning.

Daher ist einer der Vorteile des neuen Dienstes, dass alle Arten von Daten gespeichert werden können, also strukturierte Daten, aber auch unstrukturierte Daten.

Azure Data Lake ist kompatibel zum Hadoop File System (HDFS) und lässt sich daher optimal mit Hadoop und der Microsoft-Lösung HDInsight nutzen. Auch beim Betrieb eigener Hadoop-Cluster können Unternehmen auf Azure Data Lake als Datenspeicher zugreifen. Neben der großen Speichermöglichkeiten soll auch der Datendurchsatz entsprechend hoch sein. Microsoft verspricht niedrige Latenzen, bei gleichzeitig hohem Durchsatz.

Das ist auch der Vorteil gegenüber den aktuellen Speichermöglichkeiten in Microsoft Azure, denn hier liegen die Begrenzungen im Terabyte-Bereich. Azur Data Lake kann Daten speichern, die mehrere hundert Mal größer sind.

Azure Data Lake kann Petabytegroße Datenmengen speichern und auch entsprechend zur Verfügung stellen. Azure Data Lake kann auch große Einzeldateien speichern. Die Daten in Azure Data Lake sollen darüber hinaus auch parallel verwend- und nutzbar sein, ohne dass sich die Abfragen gegenseitig beeinträchtigen, und die Leistung in den Keller geht.

Die Daten in Azure Data Lake lassen sich in weiteren Azure-Diensten nutzen, auch von Dritt-Anbietern, die Lösungen im Azure Marketplace anbieten. Unternehmen können also auch Hadoop- und Big-Data-Distributionen von Hortonwork, Cloudera und Revolution Analytics verwenden. Auch selbst installierte Cluster lassen sich anbinden. Um die Sicherheit der Daten sicherzustellen, unterstützt Azure Data Lake auch die Anbindung an Azure Active Directory. Zusätzlich zu Hadoop unterstützt Azure Data Lake auch Spark, Storm, Flume, Sqoop, Kafka und andere Lösungen für Big Data, die mit Hadoop zusammenarbeiten.

Durch die hohe Kompatibilität mit den verschiedenen Big Data- und Internet of Things-Lösungen, lassen sich in Azure Data Lake relationale, aber auch nicht-relationale Daten speichern. Die Daten lassen sich natürlich auch replizieren. Das hat den Vorteil, dass Unternehmen große Datenmengen hochverfügbar zur Verfügung stellen können. Laut ersten Informationen hält Azure Data Lake mindestens drei Kopien in einer gemeinsamen Region. Natürlich lassen sich weitere Replikationen einrichten, auf Wunsch auch georedundant. Alle Daten lassen sich bequem über Azure Active Directory absichern.

Darüber hinaus haben Administratoren die Möglichkeit umfassende Berechtigungen zu verteilen und die Verwendung der Daten zu überwachen. Benachrichtigungs-Tasks lassen sich ebenfalls hinterlegen, wenn Aktionen im Dienst notwendig sind.

Microsoft Azure Data Lake bietet eine effiziente Lösung riesige Datenmengen vollkommen unstrukturiert zu speichern. Da die Daten in der Cloud gespeichert sind, lassen sie sich weltweit nutzen, verarbeiten und analysieren. Auch dann, wenn die Daten unstrukturiert gespeichert werden können, sollten Unternehmen dennoch eine gewisse Ordnung im Data Lake einhalten.

Ansonsten besteht die Gefahr, dass die Leistung weniger gut ist als erwartet. Natürlich bietet Microsoft mit Azure Data Lake eine leistungsstarke Plattform, dennoch macht es Sinn den Speicher nicht komplett unstrukturiert zu nutzen, sondern in geordneter Form.

Azure SQL Data Warehouse - BI in Microsoft Azure

Bei Azure SQL Data Warehouse handelt es sich um einen Data-Warehous-as-a-Service-Dienst. Unternehmen haben mit der neuen Funktion die Möglichkeit sehr schnell extrem leistungsfähige Datawarehous-Umgebungen aufzubauen. Der neue Dienst arbeitet in dieser Hinsicht natürlich eng mit Azure Date Lake zusammen und kann auch die neuen Funktionen der Datenbanken in Microsoft Azure nutzen. Anbinden lässt sich die Lösung auf Wunsch auch in Power BI, der BI-Auswertungslösung in Office 365. Auf diesem Weg können Unternehmen also problemlos BI-Umgebungen komplett in der Cloud abbilden, aber die Daten auch sicher verschlüsseln.

Azure SQL Data Warehouse stellt seine Daten auch anderen Diensten zur Verfügung, kann aber auch aus den anderen Diensten Daten erhalten. Sinnvolle Beispiele dafür sind , neben PowerBI in Office 365, auch HDInsight, Azure Machine Learning und Azure Data Factory.

Azure Service Fabric und Azure Resource Manager- Service Pools für Anwendungen

Die Azure Service Fabric erlaubt die Erstellung von Anwendungen, die einen Pool von Computer-Ressourcen in Azure nutzen können. Der Dienst überwacht und steuert dazu den Pool und kontrolliert auch die Verteilung der Dienste. Für hochverfügbare Anwendungen kann Azure Service Fabric auch Failover-Szenarien abbilden.

Azure Resource Manager verwaltet einzelne Ressourcen wie Azure-Computing, Networking und Storage in einer zentralen Umgebung. Administratoren können über das neue Werkzeug neben virtuellen Servern auch Netzwerke, Speicher, SQL Datenbanken und alle anderen Ressourcen erstellen, verwalten und überwachen, die von einzelnen Azure-Diensten benötigt werden. Auch eine Rechteverwaltung ist integriert sowie die Möglichkeit Ressourcen zu Markieren und auf diesem Weg interne Kosten für bestimmte Anwendungen zu kalkulieren, welche die verschiedenen Ressourcen nutzen. Die Lösung soll vor allem die Bereitstellung von Infrastructure-as-a-Service (IaaS)-Szenarien erleichtern und besser verwaltbar machen.

Microsoft Azure in Windows Server 2016 und Azure-Entwicklung mit neuen Azure SDK 2.6

Mit Windows Server 2016 will Microsoft auch Teile der neuen Funktionen in Microsoft Azure für private Clouds zur Verfügung stellen. Das neue Azure Pack für Windows Server 2016, dem Nachfolger von Windows Server 2012 R2 soll den Betrieb eigener Azure-Clouds im eigenen Netzwerk ermöglichen. In diesem Zusammenhang soll auch die Unterstützung für Linux im eigenen Netzwerk enorm vereinfacht und verbessert werden.

Das neue Azure Pack soll eine Kombination von Windows Server 2016 und Azure Service Fabric sein und auch durch das neue System Center 2016 unterstützt werden. Das Azure Pack soll auch Datenspeicher bereitstellen können, genauso wie Azure Storage. Alle neuen Funktionen von Microsoft Azure sollen auch in das Azure Pack integriert werden. Ein erstes Preview soll im Sommer 2015 verfügbar sein.

Die zahlreichen neuen Funktionen in Microsoft Azure lassen sich auch bereits zum großen Teil in Microsoft Azure SDK 2.6 ansprechen. Dieses können Entwickler für Visual Studio 2012 (http://go.microsoft.com/fwlink/?LinkId=534214), 2013 (http://go.microsoft.com/fwlink/?LinkId=534215) und 2015 (http://go.microsoft.com/fwlink/?LinkId=534216) herunterladen.

Windows 10 - Die Neuerungen

Windows 10 ist der Nachfolger von Windows 8.1. Windows 10 erscheint in drei relevanten Editionen. Heimanwender erhalten Windows 10 Home. Das ist auch die Edition, die Sie kostenlos bekommen, wenn Sie von Windows 7 Starter, Home Basic oder Home Premium zu Windows 10 aktualisieren. Diese Edition erhalten außerdem Anwender mit Windows 8/8.1. Der Preis wird etwa bei 100 Euro (119 Dollar) liegen.

Die zweite wichtige Edition ist Windows 10 Pro. Diese erhalten Anwender die von Windows 7 Professional und Ultimate zu Windows 10 aktualisieren. Auch Benutzer mit Windows 8.1 Pro und Pro für Studenten erhalten Windows 10 Pro. Die Version soll etwa 175 Euro (199 Dollar) kosten und bietet einige Funktionen für professionelle und erfahrene Anwender.

Die Enterprise Edition ist eher für Profis gedacht, welche die Software von der eigenen Firma gestellt bekommen. Darüber hinaus stellt Microsoft noch Windows 10 Mobile zur Verfügung. Dieses Betriebssystem ist für Smartphones und kleine Tablets geeignet. Für Schulen und

Studenten gibt es noch Windows 10 Education. Für größere Unternehmen erscheinen noch die beiden Editionen Windows 10 Mobile Enterprise und Windows 10 iOT Core.

Die Oberfläche der neuen Version entspricht noch weitgehend der von Windows 8.1, mit Ausnahme des neuen Startmenüs und einigen Verbesserungen. Microsoft will Richtlinien zur Verfügung stellen, mit denen Anwender keine Aktionen über die Zwischenablage zwischen privaten und geschäftlichen Daten durchführen können.

Microsoft will mit Windows 10 mindestens 10 Jahre volle Unterstützung bieten. Unternehmen erhalten mit dem neuen Betriebssystem also Long Time Servicing, wie viele Linux-Distributionen. Das soll Unternehmen dazu animieren zur neuen Version zu wechseln und diese auf so vielen Rechnern wie möglich einzusetzen.

Ebenfalls neu ist die Möglichkeit Updates für Windows modular zu installieren. Microsoft will regelmäßig Updates veröffentlichen, die dem Beispiel von Windows 8.1 Update 1 entsprechen. Diese Updates sollen auch neue Funktionen in das Betriebssystem einbinden. Unternehmen sind aber nicht gezwungen diese Updates zu installieren um weiter Unterstützung zu erhalten, sondern die Installation soll optional sein. Das heißt, Unternehmen haben mit Windows 10 deutlich mehr Kontrolle über die Installation von Updates als mit allen Vorgängerversionen. Die Installation der Updates lässt sich automatisieren und mit Richtlinien steuern. Laut ersten Informationen sollen diese Updates häufiger im Jahr erscheinen und Windows ständig verbessern. Die Kontrolle über die Installation bleibt aber im internen Unternehmen, die Steuerung übernehmen die Administratoren des Netzwerkes, nicht Microsoft oder die internen Anwender.

Diese Editionen erhalten Sie bei der Aktualisierung zu Windows 10

Welche Edition Sie bei der Aktualisierung zu Windows 10 erhalten, hängt natürlich von der installierten Version des Betriebssystems ab. 32-Bit-Versionen werden immer zu Windows 10 x86 aktualisiert, bleiben also auf 32-Bit. Wer eine 64-Bit-Version von Windows 7/8/8.1 und Windows 10 einsetzt, muss/kann auf die 64-Bit-Version von Windows 10 aktualisieren.

Bevor Sie von Windows 7 zu Windows 10 aktualisieren, muss mindestens das SP1 für Windows 7 installiert sein, ideal ist die Aktualisierung des Rechners auf den möglichst aktuellen Stand. Der Rechner sollte vor der Aktualisierung bereinigt werden. Das heißt, alle nicht kompatiblen Programme sollten möglichst entfernt werden. Wer von Windows 8 aktualisiert, sollte besser vorher die neuste Version Windows 8.1 Update installieren.

Anwender, die Windows 7 Starter, Home Basic und Home Premium einsetzen, erhalten Windows 10 Home als kostenlose Lizenz. Wer auf Windows 7 Professional und Ultimate setzt, kann auf Windows 10 Pro aktualisieren. Windows 8.1 wird zu Windows 10 Home aktualisiert, die Editionen Windows 8.1 Pro und Pro für Studenten lassen sich auf Windows 10 Pro aktualisieren. Smartphones mit Windows Phone 8.1 werden zu Windows 10 Mobile aktualisiert.

Mehr Sicherheit mit Windows „Hello"

Mit Windows 10 will Microsoft auch einen großen Schritt weg von schwachen Kennwörtern in Netzwerken gehen. Zwar unterstützen Windows-Betriebssysteme seit Jahren verschiedene Möglichkeiten die Anmeldungen sicherer zu gestalten, auch über Smartcards. Allerdings ist die Einrichtung und Verwaltung sehr kompliziert und teilweise auch teuer. Daher haben viele Unternehmen diese Technik noch nicht genutzt. Das soll sich mit Windows 10 ändern.

Microsoft will zum Beispiel bestimmte Endgeräte von Anwendern in die Zwei-Wege-Authentifizierung einbinden. Anwender sollen das Recht erhalten sich mit ihrem Kennwort an einem bestimmten PC anmelden dürfen und müssen zusätzlich noch eine PIN eingeben. Auch biometrische Verfahren lassen sich mit Kennwörtern kombinieren. Diese Anmeldung ist aber nur einem fest definierten Pool von Geräten möglich. Die PCs werden wiederum über Zertifikate im Netzwerk und Active Directory authentifiziert.

Mit der neuen Technologie „Windows Hello" sollen diese biometrischen Verfahren zusammengefasst werden. Windows 10 kann mit dieser Technologie auf verschiedene Sensoren im Gerät zugreifen um Anwender zu authentifizieren. Das erhöht die Sicherheit der Anmeldung, verringert aber die Komplexität für Anwender. Auf diese Weise kann Windows 10 auch mit Iris oder Gesichts-Erkennungen arbeiten. Die Referenzdaten für diese Erkennung sind auf dem jeweiligen Gerät gespeichert und sollen sicher vor Hackern sein. Laut Microsoft findet zu keinem Zeitpunkt eine Übertragung der Daten zu Servern im Internet oder zu Microsoft statt. Die Gesichtserkennung soll sich nicht von Fotos überlisten lassen, da nur spezielle Kameras mit der Technik zusammenarbeiten.

Die Technologie soll aber nicht nur in Windows 10 zur Anmeldung funktionieren, sondern auch mit Apps und Webseiten zusammenarbeiten. Außerdem ist zu erwarten, dass auch die verschiedenen Serverdienste in Windows Server vNext diese Technologie unterstützen. Die Zusammenarbeit von „Windows Hello" mit anderen Systemen wird „Passport" genannt.

Werden Kennwörter gestohlen, gibt es weitere Sicherheitshürden, da der Angreifer auch noch das zweite Verfahren kennen muss. Außerdem ist die Anmeldung nur an den registrierten Computern erlaubt, was die Angriffsfläche deutlich reduziert. Microsoft plant auch zusätzliche Sicherheits-Apps, welche zur Anmeldung an PCs über Smartphones und Tablets genutzt werden können. Ähnliche Funktionen gibt es bereits für Office 365 und Microsoft-Konten, nur eben noch nicht für Active Directory. Smartphones und Tablets fungieren in einem solchen Szenario quasi als Zugangsschlüssel, die Daten vom Server zur Anmeldung erhalten, zum Beispiel eine PIN.

Die Tickets, also Zugangsdaten zum Netzwerk, werden in Windows 10 noch sicherer gespeichert als in Vorgängerversionen. Angreifern soll es auch über Viren und Trojaner nicht möglich Tickets abzugreifen und unberechtigt zu werden.

VPN-Zugang in Netzwerken werden mit Windows 10 sicherer und modularer aufgebaut. Auch hier können Administratoren weitreichende Richtlinien festlegen. Neu ist zum Beispiel die Möglichkeit auch Apps festlegen zu können, die das VPN nutzen dürfen. Sie können unberechtigte Anwendungen herausnehmen.

Die Installation sieht immer noch so aus wie bei Windows 8/8.1 und baut auch noch auf der WIM-Installation auf. Wer mit Windows 8.1 zurechtkommt, wird mit Windows 10 keine Probleme haben.

Microsoft hat angekündigt während der Entwicklungsphase der Technical Preview neue Funktionen über Windows-Update zu integrieren. Daher sollten Sie Windows Updates regelmäßig durchführen lassen. Bereits nach der Installation gibt es neue Updates, die Sie installieren sollten. Die Windows-Update-Funktion starten Sie auch in Windows 10 noch am schnellsten, wenn Sie im Suchfeld des Startmenüs nach *wuapp* suchen.

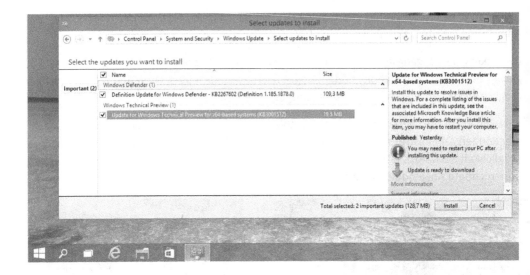

Einheitliche Plattform für schnellere Aktualisierung

Ebenfalls neu in Windows 10 ist der „One-Platform"-Ansatz. Es gibt nur ein Windows 10, welches für alle Geräte eingesetzt werden kann. Smartphones, Tablets und PCs arbeiten mit dem gleichen System und der gleichen Codebasis. Es gibt kein Windows Phone und kein Windows RT mehr. Das erhöht die Sicherheit, da Patches schneller für alle Geräte zur Verfügung stehen, Richtlinien leichter umsetzbar sind und Administratoren sehr viel effizienter überwachen können. Es gibt einheitliche Sicherheitseinstellungen und keine verschiedenen Oberflächen mehr. Microsoft will mit Windows 10 noch weiter gehen. Die Software soll auch auf Industrie-PCs und anderen Geräten laufen. Auch hier wird es keine verschiedenen Versionen mehr geben.

Durch die Vereinheitlichung der Plattform kann Microsoft auch verschiedene Datenspeicher auf den Rechnern erkennen. Private Daten sollen sich von geschäftlichen Daten unterscheiden lassen, wenn Unternehmen den Bring-Your-Own-Device-Ansatz verfolgen. Dadurch ist es möglich die geschäftlichen Daten besonders zu sichern und auch fern zu löschen, ähnlich wie für Smartphones und Tablets bereits üblich. Dazu wird Microsoft auch Windows Intune, den Clouddienst für die Verwaltung lokaler Rechner erweitern.

Der App-Store wird vereinheitlicht und Unternehmen können eigene Stores erstellen, oder eigene Apps in den Store integrieren. Anwender-PCs lassen sich über diese Technologie als ebenfalls mit Anwendungen versorgen, auch mobil. Es ist zu erwarten, dass der Store auch mit System Center Configuration Manager vNext zusammen arbeiten wird.

Startmenü, Suche, virtuelle Desktops

Das neue Startmenü besteht aus der von Windows 7 bekannten Standard-Ansicht sowie einer Ergänzung auf der rechten Seite mit Apps der Startseite, wie bei Windows 8.1. Hier lassen sich auch die Vollbildansicht wie in Windows 8, Informationen zum Kalender, neue E-Mails, das Wetter oder Nachrichten einblenden.

Das Startmenü passt sich von der Farbe an das aktuell ausgewählte Hintergrundbild an. Diese Einstellung können Sie aber über das Kontextmenü des Desktops und der Auswahl von *Personalize\Color* anpassen.

Sie können über das Kontextmenü der Windows-Apps, im Startmenü auf der rechten Seite, diese aus dem Startmenü entfernen, deinstallieren, Live Tiles deaktivieren oder die Größe ändern. Wenn Sie alle Apps entfernen, sieht das Startmenü nahezu so aus wie bei Windows 7, zumindest von den Funktionen her.

Fahren Sie mit der Maus an den oberen Rand des Startmenüs, bis sich der Zeiger in einen Pfeil verwandelt, können Sie die Größe des Startmenüs an Ihre Bedürfnisse anpassen. Verknüpfungen und andere Programme können Sie über deren Kontextmenü am Startmenü anpinnen. Diese erscheinen dann auf der rechten Seite des Startmenüs.

Mit dem Lupensymbol neben der Start-Schaltfläche öffnen Sie ein Suchfenster. Hier aktivieren Sie auch den Sprachassistenten Cortana. Sie können für die Suche auch weiterhin das Textfeld im Startmenü verwenden oder den Text auf der Startseite eingeben. Alle Wege zeigen die gleichen Ergebnisse. Auch in Windows 10 durchsucht die Windows-Suche das Internet, lokale Dateien und Einstellungen nach dem eingegebenen Begriff.

Das zweite neue Symbol erlaubt das Erstellen weiterer Desktops, beziehungsweise das Umschalten zwischen Desktops. Die virtuellen Desktops zeigen, wie beim Verwenden der Mini-Ansicht in der Taskbar, auch den Inhalt des aktuellen Desktops an.

Mit der Tastenkombination Win+Tab starten Sie die Oberfläche zum Erstellen von virtuellen Desktops, mit Win+STRG+D erstellen Sie einen neuen Desktop. Schließen können Sie einen virtuellen Desktop mit Win+STRG+F4, wollen Sie zwischen virtuellen Desktops wechseln, verwenden Sie Win+STRG-Rechter Pfeil/Linker Pfeil.

Sie können zwischen den Desktops wechseln, wie beim Durchschalten zwischen Anwendungen auf einem einzelnen Desktop.

Grundsätzlich lassen sich die Apps auch zwischen Desktops verschieben. Dazu öffnen Sie die Ansicht der verschiedenen Desktops, indem Sie die Tastenkombination Win+Tab wählen, oder das Icon für virtuelle Desktops anklicken.

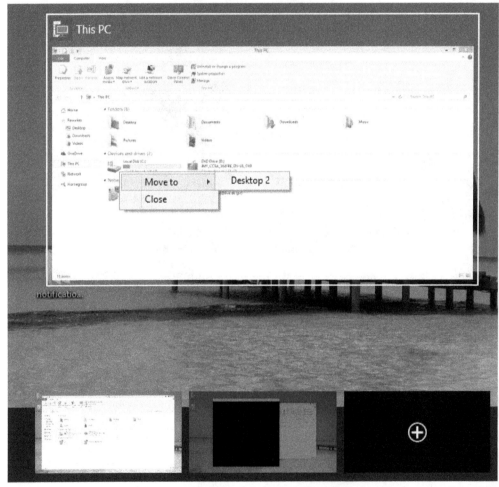

Fahren Sie mit der Maus über einen Desktop im unteren Bereich, sehen Sie im Hauptfenster die Anwendungen, die auf dem Desktop laufen. Über das Kontextmenü und der Auswahl von

Move\Desktop <Nummer>, können Sie die Anwendungen verschieben. Schließen Sie einen Desktop, werden die geöffneten Anwendungen auf andere Desktops verschoben.

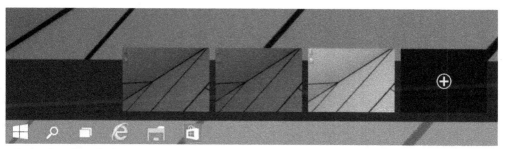

Microsoft will auch die Sicherheit in Windows 10 noch einmal verbessern. Die Anmeldefunktionen über Smartcards und Fingerabdruck-Scanner will Microsoft enger in das Betriebssystem einbinden, sodass keinerlei Zusatzsoftware mehr notwendig ist.

Bitlocker, die Laufwerksverschlüsselung in Windows, wird mit Windows 10 noch einmal ausgebaut. Microsoft will die Möglichkeit schaffen, dass verschlüsselte Daten auch portabel noch besser geschützt sind, als jetzt schon mit Bitlocker To Go. Dazu soll die Verschlüsselung auch beim Versenden per E-Mail oder dem Speichern in Cloudspeichern aktiv bleiben. In der aktuellen Technical Preview ist davon aktuell noch nichts zu sehen. Diese Funktion wird nachgereicht.

Windows Cortana - Der Sprachassistent für Windows 10

Auf Smartphones sind Sprachassistenten schon lange bekannt, das gilt auch für Windows Phone 8.1 und Windows 10 for Smartphones. Mit Windows 10 bietet Microsoft die Integration eines Sprachassistenten auch für herkömmliche PCs, Notebooks und Tablets. Sie Software soll das Verhalten des Anwenders analysieren und lernt bei der Verwendung mit.

Generell bietet Cortana die gleichen Funktionen wie Google Now. Die Arbeit des Benutzers mit dem Betriebssystem wird analysiert, ausgewertet und in Cortana und dessen Arbeit integriert. Auf Basis der besuchten Webseiten kann Cortana zum Beispiel auch angepasste Nachrichten anzeigen.

Am schnellsten aktivieren und konfigurieren Sie Cortana im Suchfeld der Taskleiste. Hier stehen alle notwendigen Optionen zur Verfügung. Haben Sie Cortana aktiviert, müssen Sie über das Suchfenster noch den Zugriff genehmigen.

Funktioniert etwas nicht rufen Sie *Einstellungen > Zeit & Sprache > Region und Sprache* auf. Stellen Sie sicher, dass bei *Land oder Region* die Option *Deutschland* aktiviert ist. Stellen Sie sicher, dass unter Sprachen ebenfalls *Deutsch (Deutschland)* als Windows-Anzeigesprache konfiguriert ist.

Unter *Einstellungen > System > Sprache* überprüfen Sie ob Gesprochene Sprache auf *Deutsch (Deutschland)* gesetzt ist. Im unteren Bereich bei „Text-zu-Sprache" können Sie noch die Sprachausgabe von Cortana steuern. Hier lassen sich männliche und weibliche Avatare auswählen.

Wer sich etwas mit Cortana auseinandersetzt, stellt schnell den praktischen Nutzen fest. Zum Beispiel lässt sich der Assistent auch in die Karten-Funktion von Windows 10 integrieren. Das ermöglicht sprachgesteuerte Navigation über Windows 10-Rechner, Smartphones oder Tablets. Außerdem lassen sich auch interessante Orte auf der Route anzeigen und Verkehrsnachrichten abrufen. Dazu ist nicht immer die Sprachsteuerung notwendig, sondern die Recherchekomponente von Cortana reicht aus.

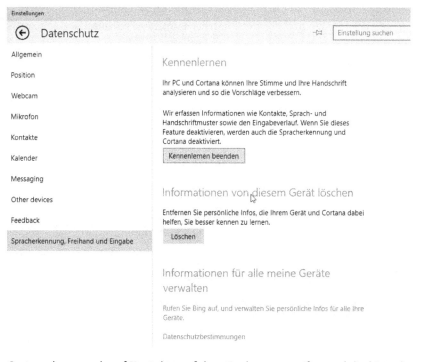

Cortana kann auch auf Kontakte auf dem Rechner zugreifen und die hinterlegten Adressen. Steht ein Termin an, kann Cortana die Daten an die Navigationskomponente übergeben und Anwender direkt zur Adresse lotsen. So ist schnell zu sehen, dass Cortana die verschiedenen Windows-Komponenten mit einander verbinden kann, was deren Nutzen deutlich erhöht.

Aber auch im neuen Browser „Spartan", dem Nachfolger des Internet Explorers, lässt sich Cortana integrieren. Cortana erkennt hier Informationen, kann Anfragen entgegen nehmen und Antworten zu bestimmten Themen geben.

Unterstützt die Webseite Cortana, lassen sich erweiterte Funktionen nutzen. In der Praxis ist das zum Beispiel für Restaurants sinnvoll. Rufen Sie eine Webseite auf, die Cortana unterstützt, erkennt das Spartan und schlägt im oberen Bereich die Cortana-Erweiterungen vor. So lassen sich Wegbeschreibungen integrieren, aber auch eine Speisekarte und mehr. Das sind natürlich nur zwei Möglichkeiten. Zu sehen ist das derzeit auf der Webseite http://www.cuoco-seattle.com.

Bezüglich der Webanfragen lassen sich auch verschachtelte Anfragen stellen, die aufeinander aufbauen und in Bezug zueinander setzen. Cortana kann also Folgefragen mit vorhergehenden Fragen in Verbindung setzen.

Natürlich lässt sich Cortana auch in Windows nutzen, ohne auf Spartan oder erweiterte Apps zu setzen. Im Suchfeld der Taskleiste lässt sich Spartan integrieren und auch steuern. Hier lassen sich Einstellungen vornehmen und die einzelnen Komponenten aufrufen.

Über die Suchleiste rufen Anwender auch die Einstellungen von Cortana auf. Hier können Sie Funktionen auch deaktivieren, Ihren Namen ändern den Cortana verwendet, und weitere Einstellungen vornehmen.

Sie können auch selbst einige Einstellungen vorgeben, mit denen Sie die Möglichkeiten von Cortana testen können. Haben Sie Cortana über die Suchleiste der Taskbar aktiviert, können Sie über die drei Querstriche oben links und der Auswahl von Notizbuch wichtige Einstellungen aufrufen. Über das Pluszeichen können Sie weitere Bereiche aktivieren, die Sie interessieren.

Cortana kann auch Musik erkennen. Betreiben Sie Cortana auf einem Smarphone mit Windows 10 für Smartphones können Sie über Cortana auch Ruhezeiten steuern.

Microsoft Edge aka Projekt Spartan – Der Neue Webbrowser von Microsoft

Nach über 20 Jahren stellt Microsoft den Internet Explorer mit seiner letzten Version 11 ein und präsentiert den Nachfolger mit dem Entwicklungsnamen „Projekt Spartan". Mit dem neuem Webbrowser will Microsoft vor allem der Konkurrenz die Zähne zeigen, und Firefox, Chrome und Co. Paroli bieten. Abgewanderte Benutzer sollen mit dem neuen Browser zurückgeholt werden.

Der neue Browser ist als Vorabversion bereits in der Preview-Version von Windows 10 enthalten. Projekt Spartan ist keine Weiterentwicklung des Internet Explorers, sondern eine komplette Neuentwicklung. Microsoft hat großen Wert darauf gelegt neue Webstandards einzuhalten und die Stabilität und Sicherheit zu erhöhen.

Schon gleich nach dem Start fällt auf, dass der neue Browser, ähnlich wie Google Chrome, sehr minimalistisch ist. Die Oberfläche wurde deutlich verschlankt. Wer sich etwas mit dem Internet Explorer oder Google Chrome auskennt kommt aber trotzdem schnell zurecht. Wir werfen einen Blick auf die Neuerungen und Möglichkeiten.

Microsoft wird in der Desktop-Version von Windows 10 den neuen Browser „Spartan" zusammen mit dem Internet Explorer 11 ausliefern. So bleibt es den Anwendern überlassen, welchen Browser sie nutzen wollen. Nutzen Sie also aktuell den Internet Explorer, können Sie diesen nach der Aktualisierung zu Windows 10 weiter verwenden. Ein Blick auf Spartan schadet aber sicher nicht. Auf Smartphones und Tablets mit Windows 10, wird aber nur noch Spartan enthalten sein. Die Favoriten und Einstellungen sind zwischen Internet Explorer und Spartan getrennt. Sie können Ihre Favoriten aber über die Synchronisierungsfunktion von Windows 10 zwischen den beiden Browsern abgleichen.

Einer der wichtigsten Vorteile von Spartan ist unter der Haube zu finden. Der neue Browser kann moderne Webseiten wesentlich besser und Stromsparender aufbauen. Das erhöht vor allem auf mobilen Geräten deutlich die Akku-Laufzeit. Ältere Webseiten öffnet der Browser mit einer älteren Technologie, die bereits jetzt im Internet Explorer genutzt wird.

Mit Spartan will Microsoft auch einen großen Nachteil des Internet Explorers ausbügeln: Fehlende Erweiterungen von Dritt-Herstellern.

Die Oberfläche von Spartan unterscheidet sich komplett vom Internet Explorer. Das eher komplizerte Einstellungsfenster ist einer einfachen Oberfläche gewichen, die auch auf Touchgeräten leicht bedienbar ist. Es gibt keine verschachtelten Menüs mehr, sondern in einem kleinen Bereich auf der rechten Seite sind alle Einstellungen zentral zu finden.

EINSTELLUNGEN

Favoritenleiste anzeigen

⬤ Ein

Stil der Leseansicht

Standard ⌄

Schriftgröße in Leseansicht

Mittel ⌄

Starten mit

◯ Meine vorherigen Projektseiten

⦿ Eine Webseite

Benutzerdefiniert ⌄

http://www.google.de/

Speichern

Bei der Suche über die Adressleiste diese
Suchmaschine verwenden

Bing

Tastaturnavigation immer verwenden

⬤ Aus

Eine der interessantesten Neuerungen in Spartan, ist die Möglichkeit Webseiten „einzufrieren" um eigene Notizen, Kommentare und Zeichnungen in die Seite zu integrieren. Bereiche der Seiten lassen sich auch markieren. Die Seiten lassen sich in diesem Zusammenhang auch in OneDrive, dem Cloudspeicher von Microsoft, speichern und mit Freunden, Bekannten und Kollegen teilen.

Auf diesem Weg können Sie also interessante und neue Informationen markieren und teilen. Diese Bearbeitung startet mit einem Mausklick in der Symbolleiste von Spartan. Die Kommentarfunktion erlaubt auch das Freizeichnen. Die Funktion lässt sich auf PCs mit Maus und Tastatur nutzen, aber hervorragend auch auf Smartphones und Tablets mit den Fingern oder einem Stift.

Spartan soll mit einem neueren, besseren Lesemodus für Webseiten erscheinen. Dabei lassen sich die Seiten ähnlich anzeigen, wie in einem Buch. Dabei ändert Spartan aber nicht nur die Ansicht einer Seite, sondern passt diese auch für das entsprechende Gerät an. Störende Teile der Webseite werden ausgeblendet. Auf Wunsch lassen sich Webseiten auch offline als PDF speichern und später jederzeit in einem PDF-Programm oder in Spartan weiterlesen.

Das soll das Lesen der Seiten angenehmer gestalten, vor allem wenn Anwender mobil Internetseiten lesen. Interessante Webseiten lassen sich außerdem in Leselisten speichern und zwischen allen Geräten eines Anwenders synchronisieren. Diese Funktionen sind so integriert, dass sie sich auch von Anfängern und geübten Anwendern schnell und einfach nutzen lassen.

Unterstützt eine Webseite Cortana, den neuen Sprach-Assistenten in Windows 10, lassen sich erweiterte Funktionen nutzen. Cortana integriert sich in Spartan als persönliche Assistenten, die beim Surfen helfen kann und Informationen für den Anwender aufbereitet. Microsoft weist aber auch ausdrücklich darauf hin, dass Cortana nicht nerven soll, sondern genau dann dezent in Erscheinung treten soll, wenn der Anwender Hilfe braucht. Dazu erscheint auf unterstützten Seiten das Cortana-Icon als kleiner Kreis, über den sich weitere Informationen anzeigen lassen.

Bezüglich der Webanfragen lassen sich auch verschachtelte Anfragen stellen, die aufeinander aufbauen und in Bezug zueinander setzen. Cortana kann also Folgefragen mit vorhergehenden Fragen in Verbindung setzen. Cortana kann zum Beispiel spezifische Informationen zu Personen, Orten, Wetter, aber auch Verkehrsnachrichten automatisch abrufen und zum richtigen Zeitpunkt anzeigen. Planen Sie zum Beispiel eine Fahrt mit dem

Explorer-Verbesserungen und neue Wiederherstellungs-Optionen

Im Explorer gibt es oberhalb der Favoriten-Leiste in Windows 10 eine neue Home-Ansicht. Hier zeigt der Explorer die Favoriten an sowie häufig geöffnete Verzeichnisse. Die generelle Ansicht des Explorers und dessen Umgang wurden in der aktuellen Preview nicht angepasst.

Dem Kontextmenü des Desktops wurden im Explorer neue Funktionen spendiert, zum Beispiel die Möglichkeit ältere Versionen von Dateien wiederherstellen zu können. Generell hat sich die Funktion des Dateiversionsverlaufs in der aktuellen Version aber nicht stark verändert.

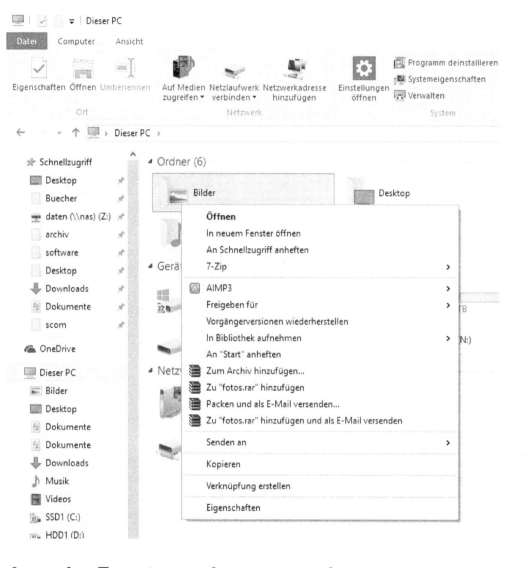

Apps im Fenstermodus verwenden

Bereits mit Windows 8.1 Update 1, hat Microsoft den Windows-Apps eine Titelleiste mit der Möglichkeit zum Beenden der Apps spendiert. Außerdem konnten Sie bereits hier die Apps an die Taskbar pinnen und zwischen Apps und Programmen wechseln.

Mit Windows 10 erweitert Microsoft diese Funktion und bietet auch die Möglichkeit die Apps im Fenstermodus zu betreiben, parallel zu herkömmlichen Anwendungen. Sie können die Apps minimieren und maximieren, genauso wie herkömmliche Anwendungen auch.

Mit der Tastenkombination Alt+Tab können Sie zwischen herkömmlichen Anwendungen und Apps hin- und herwechseln. In Windows 8.1 war das zwar genauso, aber Microsoft hat die Ansicht der Umschaltung zwischen Programmen verbessert und eine neue Oberfläche integriert.

Nutzen Sie die Snap-Funktion, also das Anpinnen von Anwendungen an bestimmten Stellen des Desktops, macht Windows 10 Vorschläge, wie die anderen Fenster angeordnet werden sollten um einen möglichst guten Überblick zu erhalten.

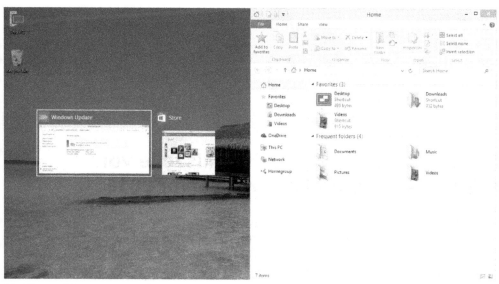

Sie können bis zu 4 Anwendungen per Snap anordnen, was vor allem für große Bildschirme einen echten Mehrwehrt bringt.

Für die Apps finden Sie in der Menüleiste auch Optionen zur Steuerung, ähnlich wie die Charmsbar. Diese will Microsoft bei der Veröffentlichung von Windows 10 komplett aus dem System entfernen, in der Vorabversion von Windows 10, ist diese Leiste aber noch vorhanden.

Verbesserungen in der Befehlszeile von Windows 10 und Windows Server 2016

Neben der PowerShell und der grafischen Oberfläche, hat Microsoft auch die Befehlszeile verbessert und vor allem Fehler behoben. Das Fenster ist größer, und die Schriftart wurde angepasst. Mit der Tastenkombination Alt+F4 schließen Sie die Befehlszeile. Die bekannten Tastenkombinationen STRG+C, STRG+V und STRG+X funktionieren jetzt auch in der Befehlszeile fehlerfrei.

Sie können diese Tastenkombinationen jetzt auch in der Befehlszeile zum Kopieren und Einfügen von Texten nutzen. Auch die Kombinationen STRG+A und STRG+F funktionieren in der Befehlszeile. Die Maximierung des Fensters hat Microsoft verbessert. Maximieren Sie das Fenster der Befehlszeile, wird diese in Windows 10 und Windows Server 2016 auf den kompletten Monitor ausgedehnt. Sie können auch die Snap-Funktion nutzen, wie mit herkömmlichen Programmen und Windows-Apps auch.

Geben Sie lange Befehl ein, oder kopieren Sie Textpassagen in die Befehlszeile, verschwinden diese nicht mehr am Rand des Fensters, sondern passen sich an die Größe des Fensters an.

Neue Windows 10 Technical Preview mit Neuerungen installieren und Installationsmedium aktualisieren

Microsoft wird auch nach der Veröffentlichung von Windows 10 ständig neue Upates zur Verfügung stellen, die Administratoren in ISO-Dateien umwandeln können. Auch weiterhin wird es also ständig Aktualisierungen geben.

Dazu suchen Sie nach „wuapp"", klicken auf „Erweiterte Optionen", lassen nach neuen Versionen suchen und installieren diese. Microsoft wird in diesem Bereich auch weiterhin neue Versionen veröffentlichen, die Sie über diesen Weg aktualisieren. Zusätzlich sollten Sie in den Einstellungen auch nach Windows Updates für die aktuelle Preview-Version suchen. Das können Sie auch über die Eingabe von *wuapp.exe* im Suchfeld des Startmenüs machen.

Nachdem Sie auf die aktuelle Build aktualisiert haben, sollten Sie „wuapp" aufrufen und in den erweiterten Einstellungen die Suche nach neuen Updates auf „Fast" stellen. Standardmäßig ist hier die Option „Slow" aktiviert. Dadurch erhalten Sie bei der Suche nach neuen Builds erst dann wieder ein Ergebnis, wenn die Entwicklung schon wieder eine Stufe weiter ist.

Profis, die derzeit Windows 10 Technical Preview testen, zum Beispiel für die Programmentwicklung, sollten immer die neuste Version einsetzen. Allerdings lässt sich diese nur über Umwege bereitstellen. Sie müssen die halbwegs aktuelle Build als ISO-Datei herunterladen und installieren und dann über die Systemsteuerung die neuste Build installieren. Zwar aktualisiert Microsoft regelmäßig auch die ISO-Dateien, allerdings dauert das immer etwas.

Wer mehrere Windows-Test-Computer installieren musst, kann sich aber auch eine ISO-Datei erstellen, mit der Sie gleich Windows 10 Technical Preview mit der aktuellen Build installieren können. Wenn Sie zum Beispiel einen Rechner aktualisiert haben, existiert auf dem Rechner ein Verzeichnis *C:\RecoveryImage* mit der Datei *install.esd*. Oft findet sich die Datei auch an einer anderen Stelle im Stammverzeichnis der Festplatte.

Diese lässt sich zu einer ISO umwandeln, mit der Sie neue Rechner installieren können. Eine Anleitung dazu finden Sie auf der Seite *http://www.deploymentresearch.com/Research/tabid/62/EntryId/197/How-to-create-a-Windows-10-Enterprise-build-9860-ISO.aspx*. Das Ganze funktioniert auch für die Aktualisierung der RTM-Version zu einer Vorabversion, die nach der RTM erscheint und neue Funktionen integriert. Alternativ verwenden Sie das Tool *ESD Decrypter* (https://github.com/gus33000/ESD-Decrypter/releases/tag/1.0.1.6). Dieses entpacken Sie in das Verzeichnis und starten dann die Datei *decrypt.cmd*. Sie müssen sich dazu aber in einer

Befehlszeile mit administrativen Rechten befinden. über den Menüpunkt 4 wird eine ISO-Datei erstellt, mit der Sie schnell und einfach neue Rechner mit der jeweiligen aktuellen Build-Version installieren können.

Sie können mit dieser Methode nur NTFS-Sticks erstellen, was bei UEFI-Rechnern leider nicht zum Erfolg führt. Die Installation von Windows 10 auf einem Surface Pro 3 und auf einem MacBook Air lässt sich aber nur mit einem FAT-Stick optimal hinbekommen. Hier hilft unter Umständen die Anleitung auf der Seite http://www.thetechchat.com/2014/10/04/installing-windows-10-preview-on-the-surface-pro-3-clean-install.

Remoteserver-Verwaltungstools für Windows 10 installieren

Microsoft stellt für Windows 10 Technical Preview auch bereits die Remoteserver-Verwaltungstools (Remote Server Administration Tools, RSAT) zur Verfügung (http://www.microsoft.com/en-us/download/details.aspx?id=44280). Nach dem Sie diese auf einem Rechner mit Windows 10 installiert haben, können Sie Ihre Server mit Windows Server 2012 R2 und Windows Server 2016 verwalten. Alle Tools sind automatisch installiert und lassen sich sofort verwenden, auch den Server-Manager. Alle Tools finden Sie im Startmenü oder besser über den Menüpunkt Tools im Server-Manager.

Windows Update for Business

Auch das Windows-Update erfährt in Windows 10 und Windows Server 2016 einige Neuerungen. Administratoren können über Gruppenrichtlinien festlegen welche Rechner mit den verschiedenen Updates versorgt werden. Ähnlich wie bei den Voraversionen von Windows 10, gibt es auch für Updates so genannten Slow-Rings und Fast-Rings.

Diese steuern wie Updates auf den Rechnern verteilt werden. Updates lassen sich auf diesem Weg schneller und effizienter verteilen. Mit den neuen Windows-Versionen sollen außerdem deutlich weniger Neustarts notwendig sein. Administratoren steuern über Richtlinien auch Aktualisierungsfenster für die Installation von Windows-Patches.

Windows-Updates werden außerdem auf Windows-Rechnern und Servern mit Windows Server 2016 zwischen gespeichert und stehen anderen Rechnern zur Verfügung. Diese Peer-to-Peer-Technik kennen Administratoren schon von der Dateiserver-Technologie BitLocker. Natürlich lassen sich diese Funktionen steuern und auch deaktivieren.

Einheitlicher App-Store

Ab Windows 10 gibt es von Microsoft nur noch einen App-Store. Dieser liefert Anwendungen für Windows-Smartphones (ehemals Windows Phone), Tablets, aber auch normale PCs. Auch für den Store soll es zukünftig Volumenlizenzen geben und die Möglichkeit Apps besser im Unternehmen zu verteilen. Außerdem sollen Unternehmen mit Windows 10 die Möglichkeit haben Richtlinien für die Installation von Apps zu hinterlegen und bestimmte Apps verweigern können.

Windows 10 – Sie können sich Ihr kostenloses Exemplar bereits jetzt sichern

Am 29.07.2015 soll mit Windows 10 der Nachfolger von Windows 8.1 erscheinen. Microsoft geht in der neuen Version einen anderen Weg, als bei den Vorgängerversionen. Wer Windows 7/8 in bestimmten Konstellationen lizenziert hat, bekommt Windows 10 geschenkt. Um die kostenlose Version zu erhalten, müssen sich Anwender innerhalb eines Jahres für Windows 10 registrieren. Sobald die kostenlose Version bestätigt ist, können Sie kostenlos mit Windows 10 arbeiten. Müssen Sie Ihren Rechner neu installieren, können Sie nach Erscheinen von Windows 10 auch direkt zur neuen Version wechseln. Sie können aber auch Ihr vorhandenes Betriebssystem zu Windows 10 aktualisieren.

Windows 10 erlaubt die direkte Aktualisierung von Windows 7, Windows 8 und Windows 8.1. Wer eine Preview-Version von Windows 10 einsetzt, kann diese ebenfalls zur offiziellen Version aktualisieren. Die Aktualisierung ist kostenlos, das heißt Anwender, die über eine Lizenz von Windows 7/8/8.1 verfügen, können komplett ohne Kosten auf das neue Betriebssystem wechseln.

Allerdings gilt das Angebot für eine kostenlose Lizenz nicht für alle Anwender mit Windows 7/8 oder Windows 8.1. Windows 7 Enterprise, Windows 8/8.1 Enterprise und Windows RT/RT 8.1 lassen sich nicht kostenlos auf Windows 10 aktualisieren. Setzen Sie bestimmte Lizenzen ein, wie zum Beispiel das „Windows 7 Family Pack", sollten Sie bei der Reservierung von Windows 10 aber etwas aufpassen. Sie dürfen mit dieser Lizenz Windows 7 auf mehreren Rechnern im Haushalt installieren. Allerdings erhalten Sie mit dieser Lizenz nur eine kostenlose Windows 10-Lizenz. Das heißt, Sie dürfen nur einen Rechner zu Windows 10 aktualisieren.

Die Verfügbarkeit des Windows 10 Upgrade für Windows Phone 8.1-Geräte hängt vom entsprechenden OEM- oder Mobilfunkanbieter ab. Gerüchten nach zu urteilen, will Microsoft für Anwender von Windows XP eine vergünstigte Version von Windows 10 anbieten. Wer

Windows 10 kaufen muss, kann auf Windows 10 Home für etwa 110 Dollar setzen, oder auf Windows 10 Pro für etwa 150 Dollar. Der offizielle Verkaufsstart soll Ende August sein.

Aktualisieren Sie ihren Rechner über Windows-Update, erhalten Sie in der Taskleiste den Hinweis auf eine vorhandene Software-Aktualisierung. Dafür sorgt das Windows-Update KB3035583 (https://support.microsoft.com/de-de/kb/3035583).

Klicken Sie auf das Icon, startet der Assistent, der bei der Reservierung hilft. Sobald Windows 10 erscheint, und Sie sich registriert haben, erscheint Windows 10 als verfügbare Aktualisierung zu Ihrem bestehenden Betriebssystem. Wann Sie die Aktualisierung durchführen können Sie natürlich selbst steuern, Windows beginnt nicht automatisch mit der Registrierung. Sie haben ab dem Erscheinen von Windows 10 ein Jahr Zeit sich kostenlos zu registrieren. Danach verfällt das kostenlose Angebot und Sie müssen Windows 10 neu installieren. Haben Sie sich registriert, müssen Sie nach einem Jahr aber nichts für Windows 10 bezahlen, die Installation bleibt kostenlos, und Sie können Windows 10 weiterhin kostenlos nutzen.

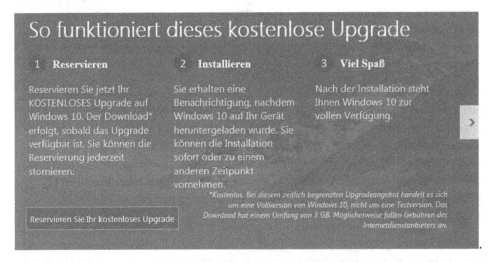

Ein Wechsel der Bit-Version des Betriebssystems ist bei der Aktualisierung nicht möglich. Sie können nach Erscheinen von Windows 10 die Vorgängerversionen Windows 7/8/8.1 mit herkömmlichen Installationsdatenträgern auf Windows 10 aktualisieren. Die Reservierung muss auf allen Geräten in Ihrem Haushalt durchgeführt werden, da die Reservierung des PCs auf ein einzelnes Gerät fest gebunden ist.

Diese Editionen erhalten Sie bei der Aktualisierung zu Windows 10

Anwender, die Windows 7 Starter, Home Basic und Home Premium einsetzen, erhalten Windows 10 Home. Wer auf Windows 7 Professional und Ultimate setzt, kann auf Windows 10 Pro aktualisieren. Windows 8.1 lässt sich zu Windows 10 Home aktualisieren, Windows 8.1 Pro und Pro für Studenten können Sie zu Windows 10 Pro aktualisieren.

Fehlerbehebung bei der Reservierung

Erscheint bei Ihnen das Icon zur Reservierung für Windows 10 nicht, können Sie mit einem kostenlosen Tool, welches Sie als Administrator starten, nach fehlenden Updates suchen (https://www.dropbox.com/s/0u0au9xgy6ss18p/win10fix_full.zip?dl=0). Starten Sie das Tool über das Kontextmenü mit Administratorrechten. In einem Menü können Sie Ihr Betriebssystem auf korrekte Konfiguration überprüfen und sicherstellen, ob alle notwendogen Patches installiert sind, damit Sie Ihre Version zu Windows 10 aktualisieren können.

Funktioniert etwas nicht, kann das Tool durch die Auswahl einiger Methoden das Problem lösen. Sobald Sie sich erfolgreich registriert haben, erhalten Sie die Bestätigung auf Wunsch auch per E-Mail.

Boot-Manager in Windows 10 verstehen, verwalten und reparieren

Mit Windows 7 hat Microsoft eine neue Art des Boot-Managers eingeführt. Dieser verrichtet in einer neuen Version mit Windows 10 weiter seine Dienste. Der Boot-Manager in Windows 10 arbeitet mit einer eigenen Datenbank und einer Systempartition. Der neue Boot-Manager lässt sich leichter verwalten und reparieren, als die Vorgängerversion.

Für die Verwaltung des Bootmanagers seit Windows 7, auch in Windows 8/8.1 und in Windows 10, müssen Sie also das Befehlszeilentool *bcdedit.exe* verwenden. Um Änderungen vorzunehmen, müssen Sie die Befehlszeile immer mit Administratorrechten starten. Geben Sie einfach *bcdedit* ein, sehen Sie die Daten des Boot-Managers, welche Betriebssysteme integriert sind, welches System gerade gestartet ist ({current}) und weitere Möglichkeiten.

Um die Beschreibung eines Betriebssystems im Boot-Manager zu ändern, öffnen Sie eine Eingabeaufforderung mit Administratorrechten. Geben Sie *bcdedit* ohne Optionen ein, zeigt die Eingabeaufforderung also die installierten Betriebssysteme, deren Eintrag im Boot-Manager (description) und den Pfad der Installation an.

```
Administrator: Eingabeaufforderung

Microsoft Windows [Version 10.0.9926]
(c) 2015 Microsoft Corporation. Alle Rechte vorbehalten.

C:\Windows\system32>bcdedit

Windows-Start-Manager

Bezeichner              {bootmgr}
device                  partition=\Device\HarddiskVolume2
path                    \EFI\Microsoft\Boot\bootmgfw.efi
description             Windows Boot Manager
locale                  de-DE
inherit                 {globalsettings}
integrityservices       Enable
flightsigning           Yes
default                 {current}
resumeobject            {390507f0-ade2-11e4-8f30-eb33fc39a527}
displayorder            {current}
toolsdisplayorder       {memdiag}
timeout                 30

Windows-Startladeprogramm

Bezeichner              {current}
device                  partition=C:
path                    \Windows\system32\winload.efi
description             Windows Technical Preview
locale                  de-DE
inherit                 {bootloadersettings}
recoverysequence        {390507f2-ade2-11e4-8f30-eb33fc39a527}
integrityservices       Enable
recoveryenabled         Yes
isolatedcontext         Yes
flightsigning           Yes
allowedinmemorysettings 0x15000075
osdevice                partition=C:
systemroot              \Windows
resumeobject            {390507f0-ade2-11e4-8f30-eb33fc39a527}
nx                      OptIn
bootmenupolicy          Standard

C:\Windows\system32>_
```

Um die Beschreibung zu ändern, booten Sie am besten das entsprechende Betriebssystem. Geben Sie dann den Befehl *bcdedit /set {current} description "<Beliebige Beschreibung>"* ein. Starten Sie das System beim nächsten Mal, sehen Sie die neue Bezeichnung.

Wollen Sie das Standardbetriebssystem des Bootvorgangs ändern, starten Sie das System und geben *msconfig* im Suchfeld des Startmenüs ein. Wechseln Sie auf die Registerkarte *Start*. Hier können Sie das Standardbetriebssystem anpassen. Zusätzlich haben Sie hier noch die Möglichkeit die Dauer der Anzeige des Bootmenüs zu ändern. Diese Einstellungen gibt es in gleicher Form auch in Windows 10.

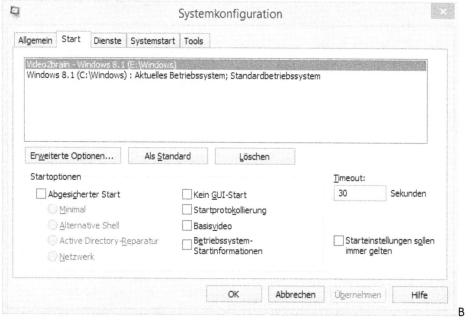

Bevor Sie aber Änderungen am Boot-Manager von Windows vornehmen, sollten Sie diesen sichern. Auch dazu verwenden Sie in der Eingabeaufforderung *bcdedit*. Mit dem Tool können Sie bei Problemen den Boot-Manager auch wieder herstellen. Dazu stehen folgende Befehle zur Verfügung:

bcdedit /export <Dateiname> -- Erstellt eine Sicherung der aktuellen Konfiguration.

bcdedit /import <Dateiname> -- Stellt den Boot-Manager aus einer erstellten Sicherung wieder her.

Wollen Sie auch die Reihenfolge der Betriebssysteme im Boot-Manager von Windows anpassen, benötigen Sie wieder eine Eingabeaufforderung mit Administratorrechten. Geben Sie bcdedit ein und merken Sie sich den Wert bei Bezeichner des Eintrags des Betriebssystems. Sie können den Eintrag auch in die Zwischenablage kopieren, wenn Sie das

Menü der Eingabeaufforderung öffnen und Bearbeiten/Markieren wählen. Markieren Sie den Eintrag Bezeichner, und bestätigen Sie mit der (Eingabe)-Taste. Um die Reihenfolge anzupassen, verwenden Sie den folgenden Befehl:

bcdedit /displayorder {current} {<Bezeichner des anderen Systems>}

Wollen Sie vorhandene Einträge kopieren, um diese zum Beispiel testweise zu bearbeiten, verwenden Sie den Befehl *bcdedit /copy {current} /d "<Neuer Name>"*. Weitere Optionen von *bcdedit* erhalten Sie mit der Option */?*.

Startet ihr produktives System nicht mehr, haben Sie auch die Möglichkeit über die Computerreparaturoptionen von Windows 10 den Bootmanager zu reparieren. Dazu starten Sie das System mit der Installations-DVD von Windows 10 oder einer Rettungs-CD, die Sie mit recoverydrive.exe erstellen und öffnen eine Befehlszeile. Alternativ erreichen Sie den Bereich auch, wenn der Start von Windows 10 einige Male abbricht. Startet das System teilweise, können Sie auch durch drücken von F8 die Reparaturoptionen starten. Zur Reparatur starten Sie als Nächstes eine Eingabeaufforderung. Diese finden Sie im Bereich *Problembehandlung\Erweiterte Optionen*.

Zunächst können Sie mit der Option *Starthilfe* versuchen die Reparatur automatisiert durchzuführen. Klappt das nicht, rufen Sie die Eingabeaufforderung auf. Melden Sie sich mit einem Administratorkonto an und versuchen Sie dann in der Eingabeaufforderung den Boot-Manager zu reparieren.

Mit dem Befehl *bootrec /fixmbr* haben Sie eine große Chance das System zu retten. Der Befehl schreibt den Master Boot Record neu an den Beginn der Festplatte. Hilft das nicht, lassen Sie mit *bootrec /scanos* die Betriebssysteme anzeigen, die nicht im Boot-Manager eingetragen sind. Hier sehen Sie schnell ob es Systeme gibt die der Manager erkennt, aber noch nicht eingebunden hat. Der Befehl *bootrec /rebuildbcd* kann diese Systeme wieder in den Bootmanager eintragen. Oft hilft auch *bootrec /fixboot*, wenn Sie parallel zu Windows 10 noch ein anderes Betriebssystem wie beispielsweise Windows 7 auf dem Computer installiert haben. Der Befehl erstellt den Bootmanager *bootmgr* neu.

Windows 10 startet von Bootpartitionen die als aktiv gekennzeichnet sein müssen. Ist das nicht der Fall, verweigert das System den Start, das gilt auch für Windows 7 und Windows 8/8.1. Um die entsprechende Festplatte als aktiv zu markieren. Gehen Sie folgendermaßen vor.

Starten Sie den PC mit der Installations-DVD oder, falls noch möglich, mit F8 in den Computerreparaturoptionen. Wie die Starthilfe, finden Sie auch die Eingabeaufforderung über *Problembehandlung\Erweiterte Optionen*.

Öffnen Sie eine Befehlszeile.

Geben Sie diskpart ein und bestätigen Sie.

Geben Sie im Diskpart-Kontext den Befehl *select disk 0* ein um die erste Festplatte im System auszuwählen.

Geben Sie als Nächstes *select partition 1* ein.

Der nächste Befehl ist *active*. Das funktioniert aber nur, wenn es sich bei der Festplatte um eine MBR-Festplatte handelt. Bei GPT-Festplatten funktioniert der Befehl nicht. Sie sehen die Formatierungsart, wenn Sie *list disk* eingeben.

Jetzt beenden Sie Diskpart mit exit und starten den Computer neu.

Startet noch immer nicht der richtige Bootmanager, starten Sie noch einmal die Computerreparaturoptionen, die Befehlszeile und verwenden erneut die bootrec-Optionen weiter vorne. Eine Holzhammer-Methode, wenn gar nichts mehr funktioniert, ist der Befehl *bcdboot C:\Windows /s C: /f BIOS*. Achten Sie aber darauf, dass dieser nicht funktioniert, wenn Sie Windows 10 auf einem Rechner mit UEFI installiert haben. Auch die Befehle *bootsect.exe /nt60 ALL /force und bootsect.exe /nt60 C: /mbr /force* können Wunder bewirken, wenn Windows 10 keine Reaktionen mehr zeigt.

Gefällt Ihnen die neue Anzeige des Boot-Managers in Windows 10 nicht, können Sie auch die ältere Version von Windows 7 aktivieren. Dazu verwenden Sie den Befehl *bcdedit /set {default} bootmenupolicy legacy*. Diesen Befehl führen Sie am besten nach dem Start von Windows 10 in einer Eingabeaufforderung mit administrativen Rechten durch.

Mit *bcdedit /set {default} bootmenupolicy standard* nutzen Sie wieder das Standard-Aussehen von Windows 10. Die Kacheln in der Metro-Ansicht lassen sich derzeit noch nicht anpassen, zumindest nicht mit empfehlenswerten Möglichkeiten.

Haben Sie Windows 10 auf einer zusätzlichen Partition installiert und wollen das System entfernen, booten Sie am besten das System das Sie behalten wollen. Starten Sie *msconfig* und wechseln Sie zur Registerkarte *Start*. Hier setzen Sie jetzt Ihr altes System als Standard-Betriebssystem und können den Eintrag für Windows 10 entfernen. Löschen Sie die Partition startet danach Ihr altes Betriebssystem wieder.

Office 2016 und Office für Mac-Vorschau - Die Neuerungen

Microsoft bietet für interessierte Tester die Vorabversionen für Office 2016, den Nachfolger von Office 2013 und Office für Mac-Vorschau, den Nachfolger von Office für Mac 2011 an. Während die Testversion von Office für Mac 2011 bereits recht stabil ist und problemlos nutzbar ist, gibt es für Office 2016 Preview noch einige Probleme, vor allem mit der

Seriennummer. Sie benötigen für den Einsatz ein gültiges Office 365-Konto, sonst lässt sich die Preview-Version zwar installieren, aber kaum nutzen, da Sie einen Benutzernamen oder eine Seriennummer eingeben müssen. Für Testzwecke reicht der Zeitraum bis zur Aktivierung aber durchaus aus.

Beide Versionen sollen noch in 2015 veröffentlicht werden. Outlook 2016 wird auch der offizielle Client für Exchange Server 2016 sein. Auch diese Version soll im Laufe des Jahres 2015 erscheinen, also noch vor der Veröffentlichung von Windows 10 Server aka Windows Server 2016. Anwender mit Office 365 können Office 2016 verwenden, sobald die neue Version verfügbar ist.

Um die aktuellen Testversionen herunterzuladen, rufen Sie einfach die Produkte-Seite von Office für Mac (http://products.office.com/de-de/mac/mac-preview) oder die Seite von Office 2016 auf (https://connect.microsoft.com/office). In der Preview-Version von Office 2016 für Windows sind die Programme Access 2016, OneNote 2016, Database Compare 2016, Excel 2016, Outlook 2016, PowerPoint 2016, Publisher 2016 und Skype for Business 2016 dabei, doch dazu später mehr.

Während es bei der Oberfläche von Office 2016 für Windows keine großartigen Änderungen in der Oberfläche gibt, bietet die Office-Preview für Mac jetzt die gleiche Oberfläche wie Office 2013/Office 2016. Hier kommen auch Windows-Anwender, die für den mobilen Einsatz ein MacBook haben schnell zurecht.

Das mit Office 2010 eingeführte Menüband bleibt also auch in Office 2016 und wird in Office für Mac integriert. Auf den ersten Blick gibt es im Menüband keine herausragenden Neuerungen und alles ist noch auf dem Platz den Office 2013-Anwender noch kennen. Allerdings kann sich bei beiden Versionen noch einiges ändern, da es sich um recht frühe Vorab-Versionen handelt. Daher wurden diese auch nur für IT-Profis freigegeben.

Daten sind zwischen den verschiedenen Betriebssystemen kompatibel und können leicht ausgetauscht werden, auch über die Cloud. Verfügen Sie über kein Office 365-Konto, können Sie Office 2016 derzeit noch nicht aktivieren, aber zumindest einige Tage testen.

Auch wenn Sie zu den experimentierfreudigen Anwendern gehören, sollten Sie die Preview von Office 2016 in Windows keinesfalls als produktives System verwenden und Office 2013 deinstallieren oder ersetzen. Office 2016 Preview arbeitet allerdings auch schon mit Windows 10 zusammen, sodass Sie den gemeinsamen Betrieb mit den Vorabversionen testen können. Natürlich können Sie Office 2016 auch auf Rechnern mit Windows 8.1 installieren. Klappt etwas mit der Installation nicht, finden Sie die Office 2106-Installation häufig im Verzeichnis C:\Windows\Program Files (x86)\Microsoft Office\root\Office 16.

Nur Mac-Anwender können durchaus schon auf die neue Version setzen, vor allem weil hier die Seriennummer nicht benötigt wird, und die Vorabversion schon stabil läuft und problemlos mit aktuellen Daten arbeiten kann. Auch die Anbindung an Exchange Server 2013 oder Office 365 ist mit Office für Mac Preview problemlos möglich.

In den aktuellen Preview-Versionen fallen die Neuerungen nicht so stark aus, wie zwischen Office 97/2010 oder von Office 2010 zu 2013. Dennoch gibt es einige interessante Details. Für Outlook-Benutzer ist zunächst die wesentlich bessere Suche interessant. Außerdem können Sie den Zeitraum für heruntergeladene E-Mails in der neuen Version genauso eingrenzen und steuern, wie auf Smartphones/Tablets mit Exchange ActiveSync bereits üblich. Outlook 2016 soll außerdem sehr viel performanter und stabiler laufen, wenn die Netzwerkverbindung oder die Anbindung an das Internet zu langsam oder instabil ist.

Outlook 2016 arbeitet ebenfalls mit dem MAPI-HTTP-Protokoll, das Microsoft mit Outlook 2013 SP1 eingeführt hat. Die MAPI-HTTP-Verbindung ist sicherer und schneller. Sie können aber einstellen welche Clients die verschiedenen Verbindungen nutzen sollen. Clients, die älter als Outlook 2013 SP1 sind, verwenden weiterhin RPC über HTTP. Das ist auch in Exchange 2013 SP1 standardmäßig für Outlook 2013 SP1 eingestellt, lässt sich aber jederzeit ändern.

Für eine stabile und sichere Verbindung sollten Anwender Outlook 2013 SP1 und in Zukunft Outlook 2016 verwenden und Sie sollten den Datenverkehr für diese Clients entsprechend optimieren. Natürlich schließen Sie auf diesem Weg keine älteren Clients aus, denn diese kommunizieren weiterhin über den herkömmlichen Weg. Damit Sie die MAPI-HTTP-Funktion nutzen können, müssen Sie auf dem Server Exchange 2013 SP1 oder Exchange Server 2016 installieren und auf dem Client Outlook 2013 SP1 oder Outlook 2016. Danach müssen Sie für die Organisation MAPI über HTTP aktivieren. Nach der Aktivierung der Funktion, ist die normale RPC-HTTP-Verbindung weiterhin für die Clients aktiv, die MAPI-HTTP nicht unterstützen. Sie sperren mit der neuen Technologie also keine veralteten Clients aus.

Ebenfalls neu ist der Verlauf beim Anhängen von Dateien. Outlook 2016 merkt sich die Dateien, die Sie an andere Anwender verschickt haben und kann diese bei neuen E-Mails aus dem Verlauf anzeigen. Das erhöht die Effizienz, da Sie beim erneuten Versenden eines Dateianhangs diese einfach aus dem Verlauf verwenden können und die Datei nicht erst neu suchen müssen.

In den einzelnen Office-Programmen lassen sich Bild wesentlich besser und einfach einbinden. Die neue Office-Version erkennt zum Beispiel falsch ausgerichtete und gedrehte Bilder und kann diese automatisch so anpassen, dass Sie korrekt in das Dokument eingebunden werden können.

Ebenfalls dabei ist der Nachfolger von Lync 2013, mit der Bezeichnung Skype for Business 2015. Microsoft hat deutlich an der Netzwerkgeschwindigkeit von Office-Programmen geschraubt. Outlook 2016 ruft E-Mails schneller ab und kann diese auch wesentlich leistungsstärker übertragen.

In Office 2016 wird wieder ein Assistent dabei sein, der ähnlich wie in Office 2007 bei Problemen und der Arbeit mit Office unterstützt. Microsoft will die Assistenten aber weniger nervig gestalten, als Karl Klammer und Co. Der neue Assistent kommt auch mit Fragen in natürlicher Sprache zurecht und erscheint nur noch als normales Symbol, nicht mehr aufdringlich im Vordergrund.

Der Assistent soll vor allem dabei helfen Befehle im Menüband schneller zu finden, ähnlich wie das Suchfenster in Windows. Viele Aufgaben lassen sich so schneller erreichen, als durch das ineffiziente Suchen im Menüband. Interessant ist hier auch die Möglichkeit die zuletzt gesuchten Aufgaben im Verlauf zu finden. Benötigen Sie einen einmal gesuchten Befehl häufiger, erreichen Sie ihn direkt im Verlauf des Assistenten.

Nach dem Start fallen die dunkleren Farben und einige weitere grafischen Änderungen auf. Hier orientieren sich beide Versionen, also Office für Mac und Office für Windows an der grafischen Oberfläche von Mac OS X 10.10. Anwender können die gewohnten Farben aber natürlich jederzeit wieder aktivieren. Jedes Office-Programm hat sein eigenes Farbschema. Das soll vor allem die Übersicht erhöhen, wenn Anwender mit mehreren Programmen gleichzeitig arbeiten. Aber auch hier können Sie wieder die bekannte farblose Ansicht aktivieren.

Office 2016 soll auch für Smartphones/Tablets zur Verfügung gestellt werden. Hier plant Microsoft eine eigene, kostenlose Version, die für die Touchbedienung optimiert sein soll. Außerdem soll sich Office 2016 besser an die Leistung von Rechnern anpassen, wovon vor allem Unternehmen oder Anwender mit langsameren Rechnern profitieren. Wird ein großes Office-Dokument, mit zahlreichen Bildern und anderen Objekten geöffnet, erscheinen immer zuerst der Text und erst danach die langsameren Grafiken. So können Anwender wesentlich performanter arbeiten, was vor allem Unternehmens-Anwender interessieren wird.

Wie in Office 2013, können Sie auch in Office 2016 Clouddienste wie OneDrive, OneDrive for Business und Dropbox anbinden. Der Assistent dazu funktioniert noch nahezu identisch wie in Office 2013. Allerdings zeigt die Registerkarte Datei jetzt mehr Informationen zu den angebundenen Clouddiensten an, zum Beispiel die verwendete E-Mail-Adresse.

Mit Exchange und SharePoint haben Administratoren die Möglichkeit das Versenden von geheimen Daten über die Server zu verhindern. Bisher haben Clientprogramme diese Funktionen zwar unterstützt, aber nicht aktiv verwendet, sondern nur die Reaktionen des Servers verarbeitet. Das soll sich mit Office 2016 ändern. Office 2016-Programme sollen sich besser steuern lassen, was das Verarbeiten von geheimen Dokumenten angeht. Administratoren können über Richtlinien und Einstellungen besser steuern welche Daten Anwender in Dokumente integrieren, noch bevor das Versenden oder ein Speichern in der Cloud erfolgt. Diese Funktion arbeitet also perfekt mit DLP-Mechanismen von Exchange,

SharePoint oder Office 365 zusammen. Über diesen Weg steuern Sie auch welche Dokumente Anwender mit anderen Anwendern oder Empfängern im Internet teilen dürfen.

Office 2016 lässt sich außerdem besser an System Center anbinden. Das soll bei der Bereitstellung von Office-Programmen helfen und der Installation von Updates, welche die Sicherheit erhöhen. Außerdem sollen Administratoren jetzt besser die Installation und Verteilung von Patches überwachen können. Vor allem bezüglich der Sicherheit ist das ein wichtiger Punkt.

USB-Stick oder DVD für Windows 10 erstellen

Um sich ein Installationsmedium für Windows 10 zu erstellen, brennen Sie entweder die ISO-Datei der aktuellen Testversion auf ein DVD-Laufwerk, oder Sie erstellen einen USB-Stick. Microsoft stellt ein Freeware-Tool zur Verfügung, mit dem Sie aus einer ISO-Datei einen bootfähigen USB-Stick erstellen können. Laden Sie dazu das kostenlose Windows USB/DVD Download Tool (http://www.microsoft.com/en-us/download/windows-usb-dvd-download-tool) herunter. Das Tool kann Windows 7/8/8.1-ISO-Dateien auslesen und einen bootfähigen USB-Stick erstellen, ohne dass Sie Diskpart verwenden müssen. Das Tool funktioniert auch mit Windows 10. Die Vorgehensweise dazu ist sehr einfach:

1. Sie installieren das Tool und starten Sie es.
2. Wählen Sie *bei Source file* die ISO-Datei von Windows 10 aus.
3. Auf der nächsten Seite wählen Sie *USB device* aus, wenn Sie einen bootfähigen USB-Stick erstellen wollen, oder Sie klicken auf DVD um eine *DVD* mit Windows 10 zu brennen.
4. Wenn der USB-Stick verbunden ist, wählen Sie dieses aus und klicken auf *Begin copying*. Achten Sie aber darauf, dass alle bereits vorhandenen Daten vom USB-Stick gelöscht werden. Bevor das passiert, erscheinen aber noch mindestens 2 Meldungen, die Sie bestätigen müssen.

Sie können aber auch manuell einen USB-Stick erstellen, ohne das Tool zu verwenden. Sie arbeiten dazu mit dem Befehlszeilenprogramm Diskpart.exe in Windows 7/8:

1. Starten Sie eine Eingabeaufforderung über das Kontextmenü im Administratormodus.
2. Geben Sie *diskpart* ein.
3. Geben Sie *list disk* ein.
4. Geben Sie den Befehl *select disk <Nummer des USB-Sticks aus list disk>* ein. Sie erkennen den Stick an dessen Größe
5. Geben Sie *clean* ein.
6. Geben Sie *create partition primary* ein.
7. Geben Sie *active* ein, um die Partition zu aktivieren.
8. Formatieren Sie den Datenträger mit *format fs=fat32 quick*.

9. Geben Sie den Befehl *assign* ein, um dem Gerät im Explorer einen Laufwerksbuchstaben zuzuordnen,
10. Beenden Sie *Diskpart* mit *exit*.
11. Kopieren Sie den kompletten Inhalt der ISO-Datei von Windows in den Stammordner des USB-Sticks. Sie können dazu die ISO-Datei als Laufwerk bereitstellen, oder mit Tools, wie 7-Zip (http://www.7-zip.de) extrahieren.
12. Booten Sie einen PC mit diesem Stick, startet die Installation von Windows 10.

Windows 10 auf virtueller Festplatte installieren

Um Windows 10 auf einer virtuellen Festplatte zu installiere, müssen Sie die Installation von Windows 10 auf dem entsprechenden Rechner starten. Alle Daten von Windows 10 befinden sich nach der Installation auf der virtuellen Festplatte. Beim Betrieb von Windows bemerken Sie davon nichts, da hier der Inhalt der virtuellen Festplatte aus Laufwerk angezeigt wird. Gehen Sie dazu folgendermaßen vor:

1. Booten Sie Ihren Computer mit der Windows 10-DVD oder per USB-Stick.
2. Bestätigen Sie im ersten Installationsfenster die Spracheinstellungen.
3. Sobald das zweite Fenster der Installation erscheint, wählen Sie nicht Jetzt installieren oder *Install now*, sondern drücken Sie die Tastenkombination (Umschalt)+(F10), um eine Eingabeaufforderung zu öffnen. In dieser erstellen Sie jetzt die virtuelle Festplatte, in der Sie wiederum Windows 10 installieren.
4. Geben Sie *diskpart* ein.
5. Überprüfen Sie welche Laufwerksbuchstaben den Festplatten im Rechner zugewiesen sind. Dazu verwenden Sie in *list disk* und *list volume*. Verwenden Sie nicht den kleinen Bereich mit dem Boot-Manager, sondern die Datenpartition.
6. Erstellen Sie die virtuelle Festplatte mit: *create vdisk file="d:\win10.vhdx" type=expandable maximum=30000*
7. Haben Sie die Eingabe bestätigt, erstellt Windows die virtuelle Festplatte. Im nächsten Schritt wählen Sie die virtuelle Festplatte mit dem folgenden Befehl aus: *select vdisk file="d:\win10.vhdx"*
8. Der Befehl *attach vdisk* verbindet die VHD-Datei mit der Windows 8.1-Installation, die Sie gestartet haben.

Schließen Sie die Eingabeaufforderung und fahren mit der Installation fort, indem Sie im Fenster auf Jetzt installieren oder *Install Now* klicken. Akzeptieren Sie die Lizenzbedingungen und wählen Sie bei Installationsart die Option *Benutzerdefiniert* aus.

Auf der nächsten Seite sehen Sie alle Festplatten, auch die von erstellte virtuelle Festplatte. Diese erkennen Sie an ihrer Größe und der Fehlermeldung, wenn Sie diese auswählen. Die Meldung Windows kann nicht auf diesem Laufwerk installiert werden können Sie ignorieren.

Anschließend startet die Installation wie auf einer normalen Festplatte. Die Daten speichert der Installations-Assistent direkt in der VHDX-Datei. Sie können mit *(Umschalt)+(F10)* eine Eingabeaufforderung öffnen, zu *d:* wechseln und mit dir die Größe der Datei anzeigen.

Der Installations-Assistent von Windows 10 ersetzt den Boot-Manager von Windows 7/8. Wenn Sie Windows 10 parallel zu Windows 7/8 installieren, bindet der neue Boot-Manager alle vorhandenen Systeme ein. Booten Sie Ihr bereits installiertes Windows 7/8-System, sehen Sie auf der Festplatte, auf der Sie die VHDX-Datei angelegt haben, die VHDX-Datei von Windows 10 als normale Datei im Dateisystem.

Bereitstellung von Windows 10 im Unternehmen: MDT 2013 Update 1 und ADK

Microsoft bietet bereits jetzt die Möglichkeit die Bereitstellung von Windows 10 im Unternehmen zu planen. Dazu stellt Microsoft die beiden Tools *Microsoft Deployment Toolkit 2013 Update 1* und *Windows Assessment and Deployment Kit (Windows ADK) für Windows 10 Technical Preview* (http://go.microsoft.com/fwlink/p/?LinkId=526740) kostenlos zur Verfügung.

Grundlage des MDT ist zunächst das ADK. Dabei handelt es sich auch bei Windows 10 um eine Sammlung verschiedener Werkzeuge, mit denen Administratoren die WIM-Images der Windows 10-Installation bearbeiten können. Das ADK verfügt über das neue Tool „Designer für die Imageerstellung und -konfiguration (WICD)". Mit diesem Programm können Administratioren eigene WIM-Images erstellen.

Mit dem Tool „Windows Imaging and Configuration Designer (WICD)" können Administratoren Images optimal bearbeiten. Neben der einfachen Installation des Betriebssystems lassen sich Programme und Treiber in die Bereitstellung integrieren. Da der Windows-Store in Windows 10 eine noch größere Rolle spielt als in Windows 8/8.1, lassen sich mit dem WICD auch Windows-Store-Apps installieren sowie Einstellungen der Apps anpassen. Auch Einstellungen des Betriebssystems lassen sich ändern, vor allem im Bereich Firewall und Einstellungen für das Netzwerk.

WICD kann darüber hinaus auch Pakete erstellen, die auf Client-Rechner verteilt werden können. Mit diesen Paketen lassen sich ebenfalls Software-Installationen und Einstellungen des Betriebssystems automatisieren und verteilen. Das geht über Netzwerkfreigaben, die Cloud, USB-Sticks oder andere Medien. Sinnvoll ist dieses Feature natürlich vor allem durch die Zusammenarbeit mit dem MDT und SCCM. Das MDT 2013 Update arbeitet dazu mit Funktionen, die aus SCCM 2012 stammen.

Windows 10 Mobile - Das bringt die neue Version

Bereits jetzt lässt sich die Vorabversion von Windows 10 Mobile für Smartphones auf einigen Geräten installieren. Die neue Version bringt einige Neuerungen im Vergleich zu Windows Phone 8.1. Wer sein Smartphone mit Windows 10 Mobile mit einem Rechner mit Windows 10 Technical Preview verbindet, kann auch die Smartphone-Apps nutzen um Daten zu übertragen. Auch das Übertragen von Fotos von PC zum Smartphone ist möglich.

Microsoft stellt eine Liste der Geräte zur Verfügung (http://windows.microsoft.com/de-de/windows/preview-supported-phones), auf denen sich Windows 10 Mobile bereits jetzt installieren lässt. Für die Installation müssen Sie die Windows-Insider App auf dem Store installieren und sich am Windows-Insider-Programm anmelden. Danach haben Sie die Möglichkeit Windows-Updates zu installieren. Diese installieren Sie über die normale Update-Funktion.

Auf vielen Geräten sind 1-2 Updates notwendig, bevor die Aktualisierung zu Windows 10 Mobile auf den Geräten erscheint. Denn die Aktualisierung ist nur möglich wenn auf dem Endgerät Windows Phone 8.1 Update 1 installiert ist.

Haben Sie auf dem Gerät produktive Daten, sollten Sie Ihr System erst sichern. Microsoft stellt dazu das Windows Phone Recovery Tool (http://windows.microsoft.com/de-de/windows/preview-backup-restore) zur Verfügung.

Nach der Aktualisierung zu Windows 10 Mobile sieht die Oberfläche fast so aus, wie beim Vorgänger Windows Phone 8.1. Erst bei einem Blick in die Einstellungen sind die Neuerungen zu sehen.

Über den Bereich *Personalisierung\Hintergrund* lässt sich ein Hintergrundbild für den ganzen Bildschirm festlegen und die Option aktivieren, dass mehr Kacheln auf der Startseite angezeigt werden. Aktuell sind noch nicht alle Funktionen integriert. Microsoft plant bis zur Fertigstellung von Windows 10, dass sich die Kacheln auch transparent anzeigen lassen und das Hintergrundbild so mehr in den Vordergrund rückt. Außerdem sollen weitere Optionen für das Anpassen der Oberfläche integriert werden sowie eine weitere Kachelgröße, die über die ganze Breite des Bildschirms gehen soll.

Durch einen Wisch nach links erscheint auch in Windows 10 Mobile die Ansicht aller installierten Apps. Neu ist an dieser Stelle, dass die frisch installierten Apps im oberen Bereich in einer eigenen Sektion angezeigt werden. Wischen Anwender von oben nach unten erscheint das Schnelleinstellungs-Menü mit neuen Möglichkeiten. Durch einen weiteren Wisch erscheinen noch mehr Möglichkeiten.

Das Nachrichtencenter ist in der neuen Version interaktiver. Erscheinen zum Beispiel E-Mails, können Anwender diese per antippen öffnen, oder durch wischen nach rechts ausblenden. Auch andere Nachrichten sind interaktiv und öffnen direkt die entsprechenden Anwendungen.

Erhalten Sie eine Textnachricht über eine kompatible App, zeigt diese im oberen Bereich eine Benachrichtigung an. Wischen Sie die Benachrichtigung nach unten, erscheint ein kleines Eingabefeld und Sie können direkt auf die Nachricht antworten.

Mit Cortana können Anwender Texte direkt in das Gerät sprechen und zum Beispiel in Textfelder einfügen. Der neue „Spartan"-Browser für Windows 10 wird auch als mobile Version für Windows 10 Mobile bereitgestellt.

Impressum

Thomas Joos

Hof Erbach 1

74206 Bad Wimpfen

E-Mail: thomas.joos@live.de

Verantwortlich für den Inhalt (gem. § 55 Abs. 2 RStV):

Thomas Joos, Hof Erbach 1, 74206 Bad Wimpfen

Disclaimer - rechtliche Hinweise

§ 1 Haftungsbeschränkung

Die Inhalte diesem Buch werden mit größtmöglicher Sorgfalt erstellt. Der Anbieter übernimmt jedoch keine Gewähr für die Richtigkeit, Vollständigkeit und Aktualität der bereitgestellten Inhalte. Die Nutzung der Inhalte des Buches erfolgt auf eigene Gefahr des Nutzers. Namentlich gekennzeichnete Beiträge geben die Meinung des jeweiligen Autors und nicht immer die Meinung des Anbieters wieder. Mit der reinen Nutzung des Buches des Anbieters kommt keinerlei Vertragsverhältnis zwischen dem Nutzer und dem Anbieter zustande.

§ 2 Externe Links

Dieses Buch enthält Verknüpfungen zu Websites Dritter ("externe Links"). Dieses Buchs unterliegen der Haftung der jeweiligen Betreiber. Der Anbieter hat bei der erstmaligen Verknüpfung der externen Links die fremden Inhalte daraufhin überprüft, ob etwaige Rechtsverstöße bestehen. Zu dem Zeitpunkt waren keine Rechtsverstöße ersichtlich. Der Anbieter hat keinerlei Einfluss auf die aktuelle und zukünftige Gestaltung und auf die Inhalte der verknüpften Seiten. Das Setzen von externen Links bedeutet nicht, dass sich der Anbieter die hinter dem Verweis oder Link liegenden Inhalte zu Eigen macht. Eine ständige Kontrolle der externen Links ist für den Anbieter ohne konkrete Hinweise auf Rechtsverstöße nicht zumutbar. Bei Kenntnis von Rechtsverstößen werden jedoch derartige externe Links unverzüglich gelöscht.

§ 3 Urheber- und Leistungsschutzrechte

Die auf diesem Buch veröffentlichten Inhalte unterliegen dem deutschen Urheber- und Leistungsschutzrecht. Jede vom deutschen Urheber- und Leistungsschutzrecht nicht zugelassene Verwertung bedarf der vorherigen schriftlichen Zustimmung des Anbieters oder jeweiligen Rechteinhabers. Dies gilt insbesondere für Vervielfältigung, Bearbeitung, Übersetzung, Einspeicherung, Verarbeitung bzw. Wiedergabe von Inhalten in Datenbanken oder anderen elektronischen Medien und Systemen. Inhalte und Rechte Dritter sind dabei als solche gekennzeichnet. Die unerlaubte Vervielfältigung oder Weitergabe einzelner Inhalte oder kompletter Seiten ist nicht gestattet und strafbar. Lediglich die Herstellung von Kopien und Downloads für den persönlichen, privaten und nicht kommerziellen Gebrauch ist erlaubt.

Die Darstellung diesem Buch in fremden Frames ist nur mit schriftlicher Erlaubnis zulässig.

§ 4 Besondere Nutzungsbedingungen

Soweit besondere Bedingungen für einzelne Nutzungen diesem Buch von den vorgenannten Paragraphen abweichen, wird an entsprechender Stelle ausdrücklich darauf hingewiesen. In diesem Falle gelten im jeweiligen Einzelfall die besonderen Nutzungsbedingungen.

Quelle: Impressum erstellt mit Juraforum.